Sichtvermerke/Visas/Visas
THE UNITED REPUBLIC OF TANZANIA
VISA
No. 122169
REPUBLIQUE DU NIGER
CONSULAT A DAKAR
Le Consul Honoraire
Consulat Honoraire de la République du Niger au Sénégal
W0388404
REPUBLIQUE DU BENIN
SORTIE
DROIT
De Chancellerie
PERCU
AMBASSADE DE LA RÉPUBLIQUE DU BENIN
VISA D'ENTREE
Nom BANGERT
Prénoms CHRISTOPH
Ambassadeur
ENTREE LE: 21 DEC 2007
NOMBRE D'ENTREE
AMBASSADE DE LA REPUBLIQUE DU CAMEROUN
VISA D'ENTREE
ENTREE
NIGERIA IMMIGRATION
REPUBLIQUE TOGOLAISE
Ministère de la Sécurité
Service de l'Immigration
KARO Fada
Commissaire Principal de Police
Chef Service Immigration Aflao
ENTRY VISA
FEDERAL REPUBLIC OF NIGERIA · RÉPUBLIQUE FÉDÉRALE DU NIGERIA
BANGERT CHRISTOPH
324469682
S/105/C/F/30 DAYS
21-Sep-2007
MALABA
KENYA
18. 5. 2008
IMMIGRATION OFFICER
EXIT
KENYA
NAIROBI

NATIONAL GEOGRAPHIC

AFRICA OVERLAND

60 000 KILOMETER ABENTEUER

CHRISTOPH & CHIHO BANGERT

INHALT

DEUTSCHLAND
FRANKREICH
KROATIEN
BULGARIEN
SPANIEN
TÜRKEI
12
SYRIEN
TUNESIEN
MAROKKO
JORDANIEN
ALGERIEN
LIBYEN
ÄGYPTEN
WESTSAHARA
1
MAURETANIEN
MALI
2
SENEGAL
NIGER
TSCHAD
11
SUDAN
ERITREA
GUINEA-BISSAU
GUINEA
BURKINA FASO
3
NIGERIA
BENIN
10
SIERRA LEONE
ELFENBEINKÜSTE
TOGO
ÄTHIOPIEN
LIBERIA
GHANA
ZENTRALAFRIKANISCHE REPUBLIK
KAMERUN
SOMALIA
UGANDA
KENIA
GABUN
4
REPUBLIK KONGO
RUANDA
9
DEMOKRATISCHE REPUBLIK KONGO
BURUNDI
TANSANIA
5
ANGOLA
8
SAMBIA
MALAWI
SIMBABWE
MOSAMBIK
MADAGASKAR
NAMIBIA
BOTSWANA
6
SÜDAFRIKA
7

FÜR ANNA UND LILLI

WIR HOFFEN, DASS IHR IN 20 JAHREN
IN DIESEN SEITEN BLÄTTERN UND EUCH
ÜBER DIE ABENTEUER (UND DIE FRISUREN)
EURER JUNGEN ELTERN KAPUTTLACHEN WERDET.

VORWORT

Einmal ein ganzes Jahr lang durch Afrika reisen – für viele ein Lebenstraum. Die meisten Menschen sehnen sich nach einer Auszeit, danach, einmal im Leben aus dem Alltags- und Berufsleben auszubrechen und die ultimative Veränderung zu wagen. Jeder hat seine ganz persönlichen Gründe, eine lange Reise anzutreten. In den meisten Fällen handelt es sich um eine Art Flucht und Suche zugleich, die uns in die Ferne treibt. Wir versuchen, vor etwas Bestehendem zu fliehen, und wir suchen nach dem anderen: Freiheit, Erfüllung, Glück.

Auch ich war auf der Flucht, als ich im Mai 2007 in meinen Land Rover stieg und Richtung Afrika fuhr. Ich hatte vier Jahre lang als Fotojournalist in Kriegs- und Krisengebieten gearbeitet. Zuletzt verbrachte ich im Auftrag der *New York Times* neun Monate im Irak. Ich war erfolgreich, arbeitete als Fotograf für die bekanntesten Magazine und Zeitungen der Welt. Doch der Erfolg hatte seinen Preis. Ich war 29 Jahre alt und hatte das Gefühl, wahnsinnig zu werden. Ich fürchtete, an meinen Erlebnissen zu zerbrechen. Ich musste weg. Weit weg.

Was ich suchte, war das Abenteuer. Das hat etwas kindlich Naives, fast Lächerliches. Abenteuer sind unvernünftig, das Gegenteil von Alltag – eine Reise mit ungewissem Ausgang. Dass die Welt für uns Abenteuer bereithält, ist eine romantische und eigensinnige Vorstellung, die uns in einer von Rationalität und scheinheiliger politischer Korrektheit dominierten Kultur beinahe abhandengekommen ist. Auf Abenteuersuche in Afrika? Darf man das? Ist das nicht neokolonialistisch? Oder gar reaktionär? Umweltschädlich? Sollte man die Reisekasse nicht lieber den „armen Afrikanern" schenken? Es war mir ziemlich egal, was die Leute zu Hause sagten oder dachten. Es war nicht meine erste Reise nach Afrika. Ich hatte bereits eine ungefähre Vorstellung von dem, was mich erwarten würde. Zu Hause sprachen die Leute noch immer mit glänzenden Augen vom „Schwarzen Kontinent", träumten von „edlen Wilden", gähnenden Löwen in der Savanne und dem behaglichen Leben in einer Luxuslodge, in der schwarze Bedienstete weiße Handschuhe tragen. Andere dachten sofort an Hungersnot und Krieg, als sei jeder Einzelne der eine Milliarde Afrikaner ein armer, bemitleidenswerter Schlucker, dem man helfen müsse. Gähnende Löwen, Luxuslodges und arme Schlucker gibt es tatsächlich in Afrika. Doch es gibt so viel mehr – und genau das wollte ich mir ansehen.

Vor meiner Reise lebte und arbeitete ich gemeinsam mit meiner Freundin Chiho in New York. Einige Jahre zuvor hatte ich mit demselben grünen Land Rover, mit dem wir durch Afrika fahren würden, eine sechsmonatige Tour von Argentinien nach New York unternommen und in den USA ein Reisetagebuch mit dem Titel „Travel Notes" veröffentlicht. Meine Afrikareise war zunächst als Solo-Fahrt von Daun in der Eifel bis zum Kap der Guten Hoffnung geplant. Nach einem Monat bat ich Chiho, mich zu begleiten. Etwa zwei Drittel der Reise bestritten wir gemeinsam. Unterwegs passten wir die Reiseroute unzählige Male an und verlängerten sie. Insgesamt legten wir 60 000 Kilometer zurück und umrundeten fast den gesamten afrikanischen Kontinent, bis wir nach 14 Monaten wieder in meinem Heimatort ankamen.

Ich wünsche Ihnen viel Freude mit diesem Buch, denn genau das war es, was wir während unserer Reise durch Afrika hatten: große Freude.

Christoph Bangert, Uster, Winter 2012/13

AUF DEM DACH DER WEHRKIRCHE IN SAINTES-MARIES-DE-LA-MER

SANTENAY, FRANKREICH 10. MAI [513 KM]

Der erste Reisetag. Die letzten Tage waren hektisch. Die letzten Wochen, Monate, Jahre waren intensiv. Ein Leben wie im Zeitraffer. Immer Vollgas. Die lange Phase der Vorbereitung ist nun vorbei: eine Zeit großer Vorfreude und endloser Checklisten, mit Bergen von E-Mails, der verzweifelten Suche nach einem Untermieter, Konsulatsbesuchen, Materialeinkäufen, einem wochenlangen Impfmarathon und vor allem einer peniblen Vorbereitung meines Fahrzeugs. Ich breche erst spät auf. Es gibt keine große Abschiedsszene in Daun. Ich fahre einfach los, als der Land Rover fertig gepackt ist. Das Auto ist überladen. Ich fahre nach Afrika. Endlich.

ALCOSSEBRE, SPANIEN 16. MAI [1844 KM]

Es gibt viele Deutsche auf den Campingplätzen, auf denen ich übernachte. Die meisten sind Rentner, die im Süden Europas überwintern. An ihre Wohnwagen haben sie kleine deutsche Flaggen montiert, sie sitzen mit einer Flasche Bier in ihrem Vorzelt und sehen Fußball-Bundesliga über Satellit. Sie fragen mich, wohin ich will mit meinen Offroadreifen und der Seilwinde. «Nach Kapstadt», sage ich stolz. Dann zähle ich 18 afrikanische Länder auf, die ich durchqueren werde. Zum Abschied wünscht man mir meistens einen „schönen Urlaub“. *Urlaub*. Ich mache keinen Urlaub. Ich mache eine große Reise.

SÜDFRANKREICH: DAS MEER

NOCH ÜBERNACHTE ICH AUF CAMPINGPLÄTZEN.

AUF DER FÄHRE, SPANIEN 18. MAI [2730 KM]

Die *Wisteria* bringt mich und meinen Land Rover von Europa nach Afrika. Wir verlassen den Hafen von Algeciras. Entlang der Meerenge von Gibraltar fahren wir nach Westen in Richtung Tanger, Marokko. Die Meerenge ist viel schmaler, als ich dachte, an der schmalsten Stelle trennen nur 14 Kilometer Wasser die beiden Kontinente.

Ich habe die langsamste und günstigste Fähre gebucht. Die Überfahrt kostet nur 40 Euro und dauert zwei Stunden. Ich wollte nicht per Express in Marokko eintreffen, denn einer der vielen Gründe für diese Reise ist der Wunsch, Langsamkeit und Ruhe neu zu entdecken.

Es gab in den letzten Monaten Tage, da glaubte ich selbst nicht mehr, dass ich tatsächlich losfahren würde. Jetzt stehe ich an Deck der *Wisteria,* schaue über das Meer und fühle mich frei und glücklich. Europa verblasst im Dunst. Die Küste Afrikas rückt von Minute zu Minute näher.

STIERKAMPF IN SAINTES-MARIES-DE-LA-MER

Tanger
Midelt
El Aaiún
MAROC
Laayoune
SAHARA
OCCIDENTAL
SAHARA
Nouadhibou
MAURITANIE
Nouakchott
St-Louis
Dakar
SENEGAL
Tambacounda
CASABLANCA
ISLAS CANARIAS

1 ENDLICH ALLEINE

MAROKKO

Das gastfreundliche Marokko machte mir die Gewöhnung an mein neues Reiseleben leicht. Die intensiven Gerüche auf den Märkten, der aus den Lautsprechern der Moscheen plärrende *Adhan,* der islamische Gebetsruf, und der allgegenwärtige übersüßte Tee, in der marokkanischen Version mit Pfefferminze, erinnerten mich an den Nahen Osten. Ich fühlte mich sofort wohl und willkommen. In den engen und überfüllten Gassen der Souks von Fès, Meknès und Marrakesch, den alten Handelsstädten, werden seit Jahrhunderten Kümmel, Safran, Kardamom und die stark duftende Gewürzmischung Ras el-Hanout angeboten.

Nach der Überquerung des Hohen Atlas erreichte ich die nördlichen Ausläufer der Sahara und fuhr dann durch ein Gebiet, das als Westsahara bekannt ist, obwohl es diesen Staat in Wirklichkeit gar nicht gibt. Die einstige spanische Kolonie wird von Marokko kontrolliert und verwaltet, nachdem sich marokkanische Truppen und die lokalen Polisario-Rebellen in einem 20 Jahre dauernden Bürgerkrieg bekämpft haben. Das geplante Referendum über die Unabhängigkeit Westsaharas wurde auch nach dem Waffenstillstand von 1991 nie abgehalten. Der Krieg hat seine Spuren hinterlassen: Entlang der Küstenstraße, der einzigen Teerstraße des Landes, warnen weiße Schilder mit roten Totenköpfen davor, ins Gelände zu fahren. Überall liegen Minen.

MAURETANIEN

43 Grad im Schatten – der Temperaturrekord auf 60 000 Kilometer Reise. Die Sahara mit ihrer im Sommer erbarmungslosen, trockenen Hitze prägt das dünn besiedelte Land, eines der ärmsten der Welt. Die mauretanische Kultur ist bis heute von der traditionellen nomadischen Lebensweise durchdrungen. Dromedare, Esel und Ziegen sind allgegenwärtig. Man muss äußerst vorsichtig fahren, denn ein Zusammenprall mit einem bis zu 700 Kilogramm schweren einhöckrigen Kamel oder einem ausgewachsenen Esel hätte verheerende Folgen. Als Faustregel gilt: Wenn Dromedare ein Auto hören, fangen sie an zu laufen und queren dabei oft überraschend die Fahrbahn. Wenn Esel ein Auto hören, bleiben sie immer stehen – wie der sprichwörtliche sture Esel –, auch wenn sie sich gerade mitten auf der Straße befinden. Mehrmals musste ich wegen Tieren auf der Straße scharf bremsen. Einmal wurde ich sogar zu einer Vollbremsung gezwungen: Laut hupend kam ich nur wenige Zentimeter vor einem gänzlich unbeeindruckten Esel zum Stehen, der mich lediglich mit großen Augen ansah.

Inzwischen ist die Mehrheit der mauretanischen Bevölkerung sesshaft geworden. 90 Prozent der Einwohner lebten vor 50 Jahren noch als Nomaden in Zelten. Städte suchte man damals in Mauretanien vergeblich. Heute sieht man die *Khaima,* die Nomadenzelte, nur noch selten in der Landschaft auftauchen. Selbst auf dem Land sind sie überwiegend Steinhäusern gewichen. In Mauretanien haben sich im Lauf der Jahrhunderte Völker unterschiedlicher Herkunft miteinander verbunden, vor allem berberische, arabische und schwarzafrikanische. Die Mehrheit der Bevölkerung spricht Hassania, die maurische Variante des Arabischen. Die eine Hälfte von ihnen, die *Bidhan* oder „weißen Mauren", gehören zur Oberschicht der stark hierarchisch gegliederten mauretanischen Gesellschaft. Die andere Hälfte bilden die *Haratins,* eher dunkelhäutige Menschen, deren Vorfahren Sklaven waren. Die restlichen 30 Prozent der Bevölkerung stammen von schwarzafrikanischen Völkern ab, die überwiegend entlang des Senegalflusses im Süden leben. Da die wenigen Worte Arabisch, die ich im Nahen Osten gelernt hatte, meist unverstanden blieben, verständigte ich mich in Mauretanien und ganz Westafrika auf Französisch, das ich während der Reise immer besser lernte.

SENEGAL

Senegal ist beinahe halb so groß wie Deutschland. Das Staatsgebiet grenzt im Norden an Mauretanien und die Ausläufer der Sahara, im Süden an Guinea und Guinea-Bissau, wo der tropische Feuchtwald beginnt. Im Westen reicht das Land bis an den kühlen Atlantik und im Osten bis an die heiße Sahelzone des Nachbarlands Mali. In der Hauptstadt Dakar, am westlichsten Punkt des afrikanischen Kontinents gelegen, verbrachte ich einige Wochen.

Da der Senegal abseits der Karawanenrouten durch die Sahara lag, wurden hier anders als in den Nachbarländern früher keine Handelsstädte gegründet. Im Jahr 1920 gab es nur vier Orte, die mehr als 5000 Einwohner hatten. Heute sieht das anders aus, und allein in Dakar leben etwa 2,5 Millionen Menschen. Trotz der vielen Leute, die hier dicht an dicht wohnen, wirkt das Leben in den Wohngebieten Dakars eher ländlich. Hier leben Ziegen und Hühner noch auf offener Straße, streunen Hunde zwischen ebenerdigen Häusern umher. Der Geruch der Tiere und der von Schweiß und Urin mischt sich mit dem von frischem Fisch und der salzigen Brise des nahen Atlantiks.

Auffallend sind die zahlreichen Moscheen, die in allen Orten Senegals zu finden sind. Dazu gehören riesige, reich verzierte Gebäude wie die Grande Mosquée in Dakar und eher futuristisch anmutende Gebetshäuser wie die Moschee in Kaolack genauso wie schlichte Dorfmoscheen aus Lehm.

Über 90 Prozent der zwölf Millionen Senegalesen sind muslimischen Glaubens. Im Unterschied zu anderen islamisch geprägten Ländern sind sie fast alle Mitglieder einer sufistischen Bruderschaft. Diese islamischen Orden bestimmen zahlreiche Aspekte des täglichen Lebens. Zu den beiden wichtigsten zählen die Tidjanyya, die sich im 18. Jahrhundert von Marokko und Südalgerien her ausbreiteten und denen etwa die Hälfte der senegalesischen Muslime angehören, sowie die Muriden, eine Bruderschaft, die 1883 im Senegal von Scheich Amadou Bamba Mbacké gegründet wurde. Von diesem islamischen Gelehrten, geistigen Führer und Reformer existiert nur eine einzige Fotografie. Handgemalte Kopien dieses Fotos finden sich auf Hauswänden, Sammeltaxis und Schreinen im ganzen Land. Diese Form sufistischer Heiligenverehrung ist in konservativeren Glaubensrichtungen des Islams undenkbar. Denn danach ist die Anbetung menschlicher Abbilder oder die Errichtung von Schreinen untersagt, und nur das geschriebene Wort des heiligen Korans darf verehrt werden.

Neben dem Erdnussexport – der Senegal ist einer der größten Erdnussproduzenten der Welt – ist die Fischerei einer der traditionell wichtigsten Wirtschaftszweige. Aber die Fangrechte des Landes wurden mittlerweile an ausländische Fischereiflotten verkauft, und deshalb gehen die Fänge und die Einkünfte der lokalen Kleinfischer seit Jahren stark zurück. Die Misere der westafrikanischen Fischer zeigt sich deutlich daran, dass jedes Jahr zahlreiche von ihnen versuchen, mit Booten Inseln wie die Kanaren zu erreichen, um illegal nach Europa einzuwandern. Sobald diese meist jungen Männer auf europäischem Boden landen, vernichten sie alle Papiere, die ihre Identität verraten könnten, und schweigen beharrlich über ihre Herkunft. Nach Ablauf einer Frist dürfen die europäischen Behörden die Einwanderer nicht mehr in ihre Heimatländer repatriieren. Sie müssen ihnen Asyl gewähren. Die Überfahrt ist sehr teuer, um die 800 Euro pro Person, und wird häufig von Schleuserbanden organisiert. Oft sammelt eine Großfamilie oder eine ganze Dorfgemeinschaft Geld, um einen der jungen Männer illegal nach Europa zu schicken. Der Druck, der auf ihnen lastet, ist enorm, und sie müssen später fast ihren kompletten Lohn, soweit sie überhaupt Arbeit finden, in ihre Heimat oder an ihre „Investoren“ schicken.

FAHRT ÜBER DEN HOHEN ATLAS

DIE GERBEREIEN VON FÈS

FÈS, MAROKKO 22. MAI [3287 KM]

In der Medina, der Altstadt, habe ich heute die archaisch anmutenden Gerbereien fotografiert, in denen noch heute in mühsamer Handarbeit Leder verarbeitet wird. In Fès befinden sich die ältesten Gerbereien der Welt. Die Verarbeitung der Schafs- und Ziegenhäute ist seit dem 11. Jahrhundert fast unverändert geblieben. Das Gerberviertel liegt abseits des Souks, denn der beißende Gestank von Lösungen und faulendem Leder ist nur schwer zu ertragen. Ich sehe zu, wie die Arbeiter zunächst die Tierhäute von Fett und Haarresten befreien. Dann weichen sie diese in einer hellen, aus Taubenkot und Kalk hergestellten Lösung auf. Die Männer tragen kurze Hosen und waten bis zu den Hüften in den Becken mit der weißen, stinkenden Flüssigkeit. Dazwischen verlaufen lediglich schmale Stege, und ich muss aufpassen, dass ich beim Fotografieren nicht abrutsche und in die ekelige Brühe falle. Dann kommen die Häute in Becken mit blutroten, bläulichen und gelben Farbstoffen aus Mohn, Indigo und Safran, bevor sie zum Trocknen ausgelegt werden.

GEWÖLBE IN DER MEDINA VON MEKNÈS

IM SOUK VON FÈS

TATA, MAROKKO

26. MAI [4526 KM]

Endlich alleine. Ich halte mitten im Nirgendwo an und stelle den Motor ab. Es ist völlig still. Nichts. Nur die Wüste, das Auto, meine Kamera und ich. Zum ersten Mal erlebe ich die Sahara. Ich bin ihr sofort verfallen. Es ist schwierig, in Afrika für sich zu sein, zumindest physisch. Natürlich verbringe ich viel Zeit alleine. Ich fahre und fahre, tief in Gedanken versunken, tagelang – für mich eine Art der Meditation. Doch sobald ich anhalte, kommen von irgendwoher Menschen, um mich anzuschauen, um ein Geschenk zu erbetteln oder manchmal auch nur, um freundlich «Guten Tag» zu sagen. Auf einem schmalen Schotterweg fahre ich von Midelt über den Cirque de Jaffar nach Imilchil und weiter durch die Dades-Schlucht bis Ouarzazate – eine spektakuläre Route, die über 2000 Meter hohe Pässe und durch abgelegene, verarmte Dörfer des Hohen Atlas führt. Wenn ich durch eine Siedlung komme, trommeln Kinder und Jugendliche gegen die Scheiben des Land Rovers. Sie versuchen, die Türen aufzureißen, sogar während der Fahrt springen sie auf den Dachgepäckträger. Anhalten ist unmöglich. Das Ganze ist eher nervenaufreibend als gefährlich, nur einmal werde ich richtig wütend: als ein paar Kinder versuchen, meinen Klappstuhl und meinen Tisch zu stehlen, die auf dem Dach verzurrt waren. Laut fluchend und mit den Fäusten drohend springe ich aus dem Auto, verscheuche die Kinder und sammle meine Habseligkeiten, die in einer schlammigen Pfütze gelandet sind, wieder ein. Ein echter Camper kennt keinen Spaß, wenn es um seine Ausrüstung geht.

DIE STEINKAMELE BEI TAN-TAN,
DEM LETZTEN GRÖSSEREN ORT
VOR DER WESTSAHARA

„STRASSEN"-SZENE IN CHINGUETTI →

LIBRAIRI

GOOD MORNING

We would like to wish you a hundred times goodluck for your journey. We hope you have fun all the way.

It was good to meet you.

FREYA + LANDER

the ~~email~~ web for dutch couple travelling to SA = www.doorafrika.nl

SÜDLICH VON CHOUM, MAURETANIEN 6. JUNI [7054 KM]

Von Nouadhibou fahre ich auf einer Offroadpiste nach Atar. Die Strecke folgt den Gleisen, auf denen der angeblich längste Zug der Welt Eisenerz von einem Bergwerk bei Zouérat an die Küste transportiert. Seine über 200 Waggons bilden eine zweieinhalb Kilometer lange Kette, die von vier Lokomotiven gezogen wird und 21 000 Tonnen Eisenerz transportiert. Es ist beeindruckend, diesen Zug durch die Weite der Sandwüste donnern zu sehen.

Tagelang durchquere ich riesige Dünenfelder und Geröllplateaus. Im tiefen Sand reduziere ich den Luftdruck auf bis zu ein Bar, was die Auflagefläche der Reifen erhöht und das Fahrverhalten des Land Rovers entscheidend verbessert. Das Fahren erfordert volle Konzentration, denn intuitiv reagiert man eher falsch. Wann immer die Räder drohen, sich im Sand einzugraben, muss man sich zwingen, Gas wegzunehmen, statt Gas zu geben. Wichtig ist auch, dass man sich eine Niederlage früh eingesteht, denn je früher man aufgibt, desto weniger muss man nachher schaufeln. Das alles Entscheidende ist aber, den Schwung von einem Dünenkamm zum nächsten mitzunehmen – soweit die Theorie.

Trotz aller Bemühungen bleibe ich mit meinem überladenen Fahrzeug immer wieder im Treibsand stecken. Ich schaufele stundenlang, bei über 40 Grad, lege Sandbleche unter die Reifen, um sie zu befreien. Da mein Auto keine Klimaanlage hat, fahre ich bei offenem Fenster und lasse mir den heißen Wüstenwind ins Gesicht blasen. Dadurch ist das Innere des Land Rovers komplett mit einer feinen Schicht Sand bedeckt, der nach und nach in die Sitze, den Schlafsack, die Kleidertasche, die Küchenbox, in meine Ohren und zwischen die Zähne dringt.

Ich bin seit fünf Tagen in der Wüste und fühle mich trotz der Strapazen in meinem Element. Gleichzeitig werden mir meine Verwundbarkeit und Machtlosigkeit immer mehr bewusst. Ein Unfall, eine Krankheit, ein technischer Defekt – und mein Abenteuer wäre zu Ende. Und mit etwas Pech auch mein Leben.

DEUTSCHER CAMPINGSTUHL IN DER SAHARA: FREUNDLICHE LEIHGABE MEINER ELTERN

DAU
CB 78

CHINGUETTI, MAURETANIEN 8. JUNI [7291 KM]

Ich besuche eine Bibliothek mit bis zu 900 Jahre alten Büchern. Die religiösen und weltlichen Schriften sind auf Arabisch verfasst, und Ahmed, der leicht stotternde Hüter der Schriften, sitzt auf dem Boden, erklärt mir auf Französisch deren Bedeutung und liest einige Passagen vor. Ich bin überrascht und ergriffen, als hätte ich einen geheimen Schatz in der Wüste entdeckt. Das Papier für die Bücher kam über Mekka aus China, zu einer Zeit, als der Transsahara-Handel florierte und Städte wie Chinguetti reich und bedeutsam waren.

Aus dieser Blütezeit stammen auch die zahlreichen Koranschulen, die noch heute in Chinguetti existieren. In einer von ihnen fotografiere ich junge Koranschüler, die wie ihre Vorfahren vor Hunderten von Jahren Abschnitte des Korans auswendig lernen, Suren, die auf kleine Holztafeln geschrieben sind.

KINDER LERNEN IN EINER KORANSCHULE VON HOLZTAFELN.

AHMED IN DER BIBLIOTHEK

AM STRAND VON FANN HOCK IN DAKAR

DAKAR, SENEGAL 22. JUNI [8708 KM]

Alles dreht sich. Meine Beine wollen mir nicht recht gehorchen, und meine Knie schmerzen vom langen Sitzen in dem winzigen Holzboot. Insgesamt neun Stunden verbringe ich gemeinsam mit drei senegalesischen Fischern auf hoher See. Auf Vermittlung von Finbarr O'Reilly, einem kanadischen Reuters-Fotografen, der in Dakar lebt und mit dem ich mich angefreundet habe, hat mich ein Übersetzer und Führer, ein *fixer,* mit ihnen bekannt gemacht.

Hinten am Außenborder steht Idrissa, der Steuermann. Er ist 25 Jahre alt, knapp zwei Meter groß und muskulös. Gemeinsam mit seinen beiden Brüdern fuhr er vor wenigen Monaten mit einem kleinen Fischerboot von Dakar bis zu den 1200 Kilometer entfernten Kanarischen Inseln, eine äußerst gefährliche, zehntägige Reise über den rauen Atlantik, die für Hunderte, vielleicht sogar Tausende Afrikaner jedes Jahr tödlich endet. Idrissa und seine Brüder hatten Glück und überstanden die Überfahrt unbeschadet, da sie im Gegensatz zu den meisten illegalen Einwanderern erfahrene Seeleute sind. Auf den Kanaren stellten sie sich den Behörden.

Heute, nach einem langen Tag auf See, erschöpft von harter körperlicher Arbeit, haben Idrissa und seine beiden Helfer lediglich einige Dutzend Fische gefangen. Sie sind so klein und wertlos, dass die Männer erst gar nicht versuchen, sie an einen der vielen Fischhändler am Strand von Dakar zu verkaufen. «Köder für morgen», sagt Idrissa, als er sieht, dass ich seinen traurigen Fang begutachte. Und fügt hinzu: «Es gibt gute Tage und schlechte Tage.»

Für Idrissa und seine Kollegen gibt es in letzter Zeit mehr schlechte als gute Tage. Der Fischbestand in der Region geht seit Jahren zurück, weil gigantische russische, europäische und asiatische Fischtrawler die afrikanische Westküste systematisch mit Schleppnetzen leer fischen.

Die drei Fischer sind jung, selbstbewusst und ausgesprochen fleißig. Sie machen keinen armseligen, bemitleidenswerten Eindruck. Sie fürchten sich vor nichts. Was sie nicht haben, sind echte Perspektiven. Ich denke, dass die Hauptmotivation der meisten illegalen afrikanischen Einwanderer aus dem verzweifelten Bestreben kommt, der Aussichtslosigkeit zu entfliehen. Doch das ist nicht alles. Eine Mischung aus jugendlichem Abenteuersinn und Unternehmertum spielt eine Rolle. Dazu kommt der Wunsch, sich zu verbessern und aus den gesellschaftlichen und familiären Strukturen auszubrechen. Das sind Empfindungen, die auch junge Leute in Europa haben. Vielleicht sind wir uns oft ähnlicher, als wir meinen.

Idrissa wurde aus Spanien abgeschoben und ist nun zurück in seinem Leben als Fischer. Mit seinen beiden Kollegen lebt er in einer winzigen, gemieteten Holzhütte in der Nähe des Strandes. Seine Frau und seine kleine Tochter leben bei Verwandten in einem Dorf außerhalb von Dakar. Wenn er einmal Glück beim Fischen hat, kann er sich den Bus ins Dorf leisten und sie besuchen. In letzter Zeit kam das nicht oft vor. Ich frage ihn, ob er gerne Fischer ist, doch er versteht die Frage nicht so recht. Schließlich antwortet er, dass sein Vater und sein Großvater auch Fischer sind, als würde dies alles erklären.

TÄNZER DER FAUX LIONS, DER FALSCHEN LÖWEN, BEREITEN SICH IN DAKAR AUF IHREN AUFTRITT VOR.

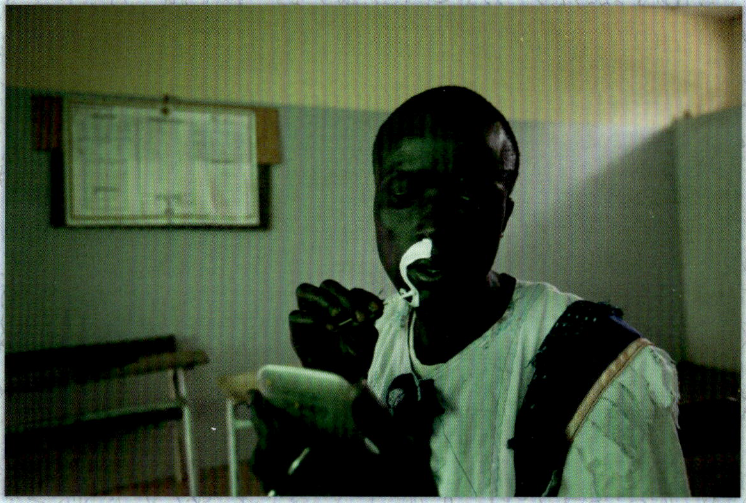

MIT IDRISSA AUF HOHER SEE. ER UND SEINE KOLLEGEN FISCHEN NICHT MIT NETZEN, SONDERN VERWENDEN GRÜNE KUNSTSTOFFLEINEN, AN DENEN EINE VIELZAHL VON HAKEN MIT KÖDERN BEFESTIGT IST.

BEVOR DIE LEINEN INS WASSER GELASSEN WERDEN, BEFESTIGEN DIE MÄNNER AN EINEM ENDE EINEN FAUSTGROSSEN STEIN UND AM ANDEREN ENDE EINE GELBE BOJE. DREI BIS VIER LEINEN WERDEN AUSGELEGT UND KURZE ZEIT SPÄTER PER HAND WIEDER MÜHSAM INS BOOT GEZOGEN. DIE GEFANGENEN FISCHE WERDEN VON DEN HAKEN GELÖST, UND STATTDESSEN WERDEN NEUE KÖDER, MEIST KLEINE FISCHBROCKEN, DARAN BEFESTIGT. DIESER ABLAUF WIRD WÄHREND DER ACHT STUNDEN AUF SEE STETIG WIEDERHOLT.

MOSQUÉE DE LA DIVINITÉ IN OUAKAM

MOSQUÉE SEYDOU NOUROU TALL IN DAKAR

DAKAR, SENEGAL 23. JUNI [8750 KM]

Ich campe auf dem Parkplatz eines Restaurants mit Privatstrand etwas außerhalb vom Zentrum. Andere Overland-Reisende hatten mir diesen Tipp gegeben. Das Gelände ist von einer hohen Mauer umgeben. Ich bin der einzige Gast. Gerade sitze ich vorne in meinem Auto, habe meinen Laptop auf dem Schoß und arbeite. Es ist schon spät, draußen ist es dunkel und sehr still. Die einzige Lichtquelle ist der Monitor meines Computers. Ich bin tief in meine Arbeit versunken, als ich plötzlich das Gefühl habe, dass sich in meinem Augenwinkel etwas bewegt hat. Ich drehe den Kopf und blicke direkt in ein großes, dunkles Gesicht, das nur durch die Glasscheibe von meinem getrennt ist. Ein Augenpaar starrt mich an, ernst und durchdringend. Mir stockt der Atem. Es dauert einen Moment, bis ich den Nachtwächter des Privatstrands erkenne. Der riesige Mann, der einen langen schwarzen Ledermantel trägt und mit einer Steinschleuder bewaffnet ist, stellt seinen Plastikstuhl jeden Abend direkt neben meinem Auto auf. So verbringt er die Nacht. Schlafend.

DAKAR, SENEGAL 24. JUNI [8750 KM]

Ich habe wieder so einen Moment.

Ich sitze in meinem Campingstuhl neben dem Auto und lese. Irgendwann lege ich mein Buch zur Seite und schließe die Augen. Verzweiflung und Trauer steigen in mir auf. Ich muss immerzu an den Irak denken. Ich werde das nicht los. Sobald ich die Augen schließe, kommen die Bilder. Ich trauere um die Menschen im Irak, ich trauere um die Soldaten. Was in diesem Land geschieht – ich habe dafür keine Worte.

Oft bin ich rastlos, kann mich nicht richtig konzentrieren. Ich gehe auf und ab, zucke bei lauten Geräuschen zusammen. Ich habe ein großes Bedürfnis, alleine zu sein. Dazu kommt mein Reizdarm. Erniedrigender, ständiger Durchfall. Bin ziemlich fertig. Es ist die Hölle.

Posttraumatische Belastungsstörung. Es braucht Zeit. Diese Reise ist bisher ein einziger Kampf mit den Erinnerungen. Aber vielleicht liegt darin der Sinn. Vielleicht ist gerade dies der eigentliche Grund für meine Reise: die Dämonen zu bezwingen.

MOSQUÉE DE KAOLACK

AUF DER ÎLE DE GORÉE UND AM STRAND VON DAKAR

DAKAR, SENEGAL 6. AUGUST [9611 KM]

Chiho ist endlich da. Meine Rettung, mal wieder. Seit Tagen brausen wir mit unserem Land Rover kreuz und quer durch Dakar und besorgen Visa für unsere Reise durch Westafrika. Wir haben bereits viele bunte Visastempel in unseren Reisepässen, darunter die von Mali, Niger, Burkina Faso, Ghana und Kamerun. Ein Touristenvisum für ein afrikanisches Land zu beantragen ist eine zeitraubende und nervenzehrende Angelegenheit. Viele Stunden, ja Tage, verbringen wir in den stickig heißen Vorzimmern von Botschaften und Konsulaten hier in Dakar. Dort füllen wir Formulare aus, handschriftlich und in dreifacher Ausführung, fügen bis zu fünf Passbilder pro Person bei und stellen uns geduldig in eine scheinbar unbewegliche Menschenschlange. Dazu kommt die Visumsgebühr, die entweder gleich in bar bezahlt oder auf umständliche Weise bei einer Bank deponiert werden muss, wobei man – nach erneutem stundenlangem Anstehen – den ordnungsgemäß abgestempelten Bankbeleg bei der Botschaft vorzuweisen hat.

DAKAR, SENEGAL 7. AUGUST [9611 KM]

Khalid ist ermordet worden. Er wurde auf dem Weg ins Büro der *New York Times* in Bagdad aus nächster Nähe erschossen. Auf offener Straße exekutiert. Ich habe die Nachricht von Johan erhalten, er ist im Moment für die *New York Times* als Fotograf in Bagdad. Khalid war mehr als mein irakischer Übersetzer. Er verkörperte für mich den jungen, neuen Irak. Er interessierte sich obsessiv für die Welt außerhalb seines Landes, war praktisch 24 Stunden am Tag online und sprach Englisch mit einem breiten amerikanischen Akzent, den er sich aus Hollywoodfilmen abgeguckt hatte.

Khalid war 23 Jahre alt. Ich werde ihn vermissen.

ANKUNFT AUF DER ÎLE DE GORÉE, EINER EHEMALIGEN HANDELSINSEL VOR DAKAR

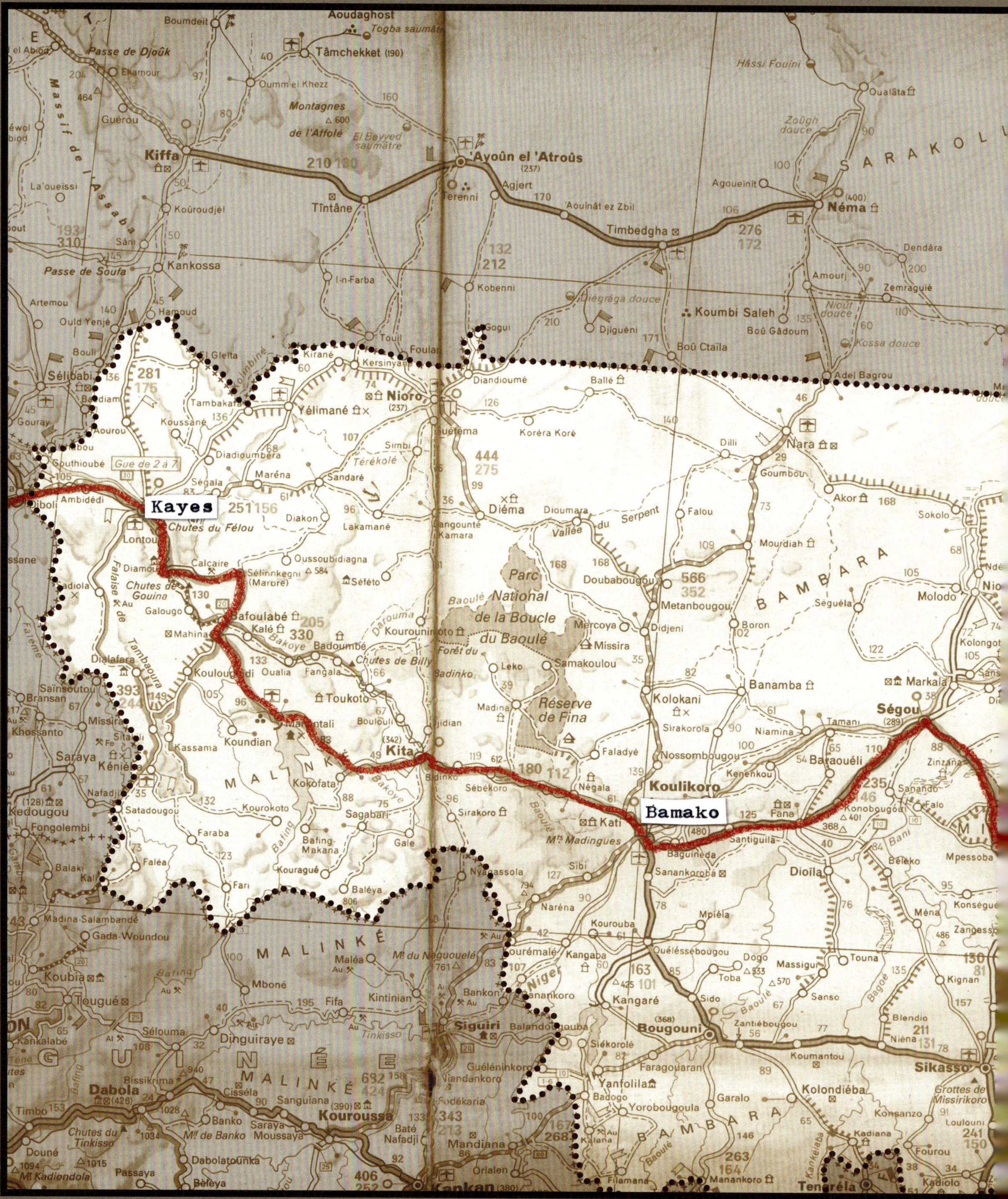

Kayes
Bamako
Aoudaghost
Tâmchekket
Kiffa
'Ayoûn el 'Atroûs
Néma
Timbedgha
Koumbi Saleh
Nioro
Nara
Yélimané
Diéma
Chutes du Félou
Bafoulabé
Kita
Ségou
Koulikoro
Kati
Fana
Markala
Sikasso
Bougouni
Kankan
Siguiri
Kouroussa
Dabola
Kédougou
Sélibabi
Parc National de la Boucle du Baoulé
Réserve de Fina
Massif de l'Assaba
Montagnes de l'Affolé
MALINKÉ
BAMBARA
GUINÉE
SARAKOLL
Niger
Baoulé
Bakoye
Bafing
Falémé

Timbuktu
Mopti
Gao
M A L I
T O U A R E G
Goundam
Gourma-Rharous
Bourem
Ansongo
Douentza
Bandiagara
Djenné
Hombori
Djibo
Dori
Ouahigouya
Kaya
OUAGADOUGOU
Koudougou
Dédougou
Tougan
Yako
Tenkodogo
Fada-Ngourma
Koupéla
Léo
Bolgatanga
Dapaong
Banfora
Sidéradougou
Niafounké
Youvarou
Tominian
Nouna
Kongoussi
Barsalogo
Tougouri
Bogandé
Sebba
Téra
Gorom-Gorom
Aribinda
Itinéraire à utiliser en saison sèche
Réserve des éléphants du Gourma

2 SCHAUFELN BIS TIMBUKTU

MALI

Wir reisten im August durch Mali – ausgerechnet während der Regenzeit. So war unser Aufenthalt geprägt von starkem Regen, tropischen Temperaturen, verschlammten Wegen und dem ständigen Kampf mit Moskitos. Aber wir wurden für diese Entbehrungen reich entschädigt. Djenné, mit der berühmten Lehmmoschee, das Land der Dogon am Fuß des Falais de Bandiagara, der Niger und natürlich Timbuktu sind wahre Höhepunkte einer Afrikareise und machen Mali zum vielleicht spektakulärsten Land Westafrikas.

Malis reiche Kultur drückt sich auch in seiner unverwechselbaren Musik aus. Bamako bildet das Zentrum einer dynamischen Musikindustrie, die in Afrika ihresgleichen sucht und international bekannte Musiker hervorgebracht hat. Die Musik malischer Stars wie Amadou et Mariam, Ali Farka Touré und Salif Keita spielten wir während der gesamten Reise endlos auf dem betagten Kassettenrekorder in unserem Auto ab, und sie begleitet uns bis heute.

Wann immer wir in einem malischen Dorf anhielten, wurden wir sofort von einer wilden Horde Kinder umringt. Mali ist eines der ärmsten Länder der Erde, doch reich an Nachwuchs. Bei einem jährlichen Wachstum von drei Prozent verdoppelt sich Malis Bevölkerung alle 20 Jahre. Nur knapp die Hälfte der Kinder im schulpflichtigen Alter besucht eine Schule. So wird für viele von ihnen das Erwachsenenleben kaum anders aussehen als das ihrer Eltern und Großeltern.

Wir hatten großes Glück, denn wir erlebten Mali in einer eher ruhigen Phase seiner Geschichte, in der ein Waffenstillstand zwischen der Zentralregierung in Bamako und den Tuareg-Rebellen der Nationalen Bewegung für die Befreiung des Azawad (MNLA) herrschte. In der im Norden gelegenen Region Azawad ist es häufig zu Konflikten mit den dort heimischen Nomaden, den Tuareg, gekommen. Seit Jahrhunderten liegt ihr angestammter Lebensraum, ungeachtet nationaler Grenzen, auf den Staatsgebieten von Mali, Algerien, Niger, Libyen, Burkina Faso und Marokko.

Inzwischen sind die Kämpfe wieder aufgeflammt, und touristische Reisen nach Timbuktu, Gao und in die malische Sahara, wie wir sie machen konnten, sind unmöglich geworden – erst recht, seitdem radikale Islamisten im Norden des Landes die Macht an sich gerissen haben und ein Bürgerkrieg droht.

IN DER SAHELZONE BEI BANDIAGARA

IN DER NÄHE VON DIAMOU, MALI 14. AUGUST [10 505 KM]

Wir brechen von Kayes in das 160 Kilometer entfernte Bafoulabé auf. Die Route gilt selbst in der Trockenzeit als schlecht passierbar, und ich bin mir unsicher, ob wir durchkommen werden. Es hat in den letzten Tagen und Wochen sehr viel geregnet. Die Flüsse und Bäche sind mit braunem, schlammigem Wasser gefüllt. Auf den Wegen und Straßen haben sich riesige Wasserlöcher gebildet. Manche sind so tief, dass das Auto halb darin versinkt.

Abends flüchten wir vor schwarzen Wolken von Moskitos in unseren Land Rover. Hier sitzen wir und schwitzen. Es ist so feucht wie in einer Dampfsauna. Was würden wir jetzt für eine kalte Dusche geben.

Die flachen Savannen der Sahelzone sind zu dieser Jahreszeit sehr grün. Frisches, hellgrünes Gras bedeckt den sandigen Boden zwischen Dornbüschen und riesigen Baobabbäumen. Die Gegend ist sehr dünn besiedelt, so freut uns der Anblick der seltenen Dörfer besonders. Die Menschen leben in Ansammlungen von kleinen, mit Stroh gedeckten Rundhütten, die mit Mauern aus Lehm errichtet worden sind. Sie bauen Hirse an und halten Ziegen, Esel und Rinder.

IN DER NÄHE VON MADIBAJA, CA. 20 KM VOR BAFOULABÉ, MALI

16. AUGUST [10 602 KM]

Wir bleiben ständig stecken. Der Schlamm ist unglaublich, die Strecke kaum befahrbar. Wohin man blickt – Wasser. Es ist zum Verzweifeln. Wir verbringen viele Stunden mit Schaufeln. Der Schlamm ist nass und schwer. Hinzu kommt das tropische Klima, bei Temperaturen von bis zu 35 Grad sind wir schnell am Ende unserer Kräfte. Ohne unsere Seilwinde und die Sandbleche wären wir verloren. Je näher wir Bafoulabé kommen, desto schwieriger wird es. Wir besuchen Dörfer, die während der Regenzeit völlig von der Außenwelt abgeschnitten sind. Die Einheimischen, die wir immer wieder nach dem Weg fragen und von denen wir Brot und Gemüse kaufen, erzählen uns, dass wir seit Monaten das erste Fahrzeug auf dieser Strecke sind.

Mit tatkräftiger Unterstützung von jungen Männern und Kindern durchqueren wir einen Fluss. Sie stammen aus einem nahe gelegenen Dorf. Alle schieben und ziehen und haben großen Spaß an der Gemeinschaftsaktion. Wir jubeln laut, als wir endlich das andere Ufer erreichen – unsere fröhlichste Bergungsaktion bisher.

Es ist paradox: Es regnet so viel, und die Landschaft wirkt grün und üppig, aber unsere Trinkwasservorräte gehen zur Neige. Wegen der Hitze und der körperlichen Anstrengung müssen wir mehr trinken als gedacht. Wir haben noch vier Liter Trinkwasser. Wir müssen Bafoulabé morgen unbedingt erreichen.

Bafoulabé. Der Ort scheint unerreichbar und bekommt fast einen mystischen Charakter. Wenn doch der Regen aufhören würde! Nur wenn es heute Nacht trocken bleibt, haben wir eine Chance.

SCHLAMM
HITZE
MOSKITOS
SCHLAMM

DIE SCHÄBIGSTEN TANKSTELLEN HABEN OFT DEN SAUBERSTEN DIESEL. HIER HABEN WIR NICHT GETANKT.

ZWISCHEN MALIENA UND MASSANTALI, MALI

17. AUGUST [10 653 KM]

Wir haben es geschafft! Völlig erledigt, verschwitzt, von oben bis unten mit Schlamm bespritzt und überglücklich erreichen wir Bafoulabé. Der winzige Ort ist der Ausgangspunkt einer befestigten Straße, die uns bis nach Bamako führen wird. In fünf Tagen haben wir nur 160 Kilometer zurückgelegt. Es wäre schneller gewesen, zu Fuß zu gehen.

Immer beherrscht uns große Ungewissheit. Und genau das ist die Herausforderung auf einer solchen Reise. Natürlich sind die Löcher tief und der Schlamm schwer. Aber das eigentliche Problem ist die Ungewissheit. Wir wissen nie, was sich hinter der nächsten Kurve, nach dem nächsten Abzweig verbirgt. Ein riesiges Schlammloch? Eine trockene Passage, die einfach zu befahren ist? Das ist das Abenteuer. In manchen Momenten, in denen die Lage völlig ausweglos scheint, haben wir das Gefühl, zwischen Flüssen und undurchdringlichen Sümpfen gefangen zu sein. Die Welt, die wir bereisen und befahren, wandelt sich vom Freund zum Feind. Dann nimmt man die Oberfläche der Erde nicht mehr als festen Boden unter den Füßen wahr, sondern als unkontrollierbare Natur, die zur Bedrohung, zur Falle werden kann. Man kennt dieses Gefühl von Verwundbarkeit nicht, wenn man auf den Straßen Nordamerikas oder Europas unterwegs ist. Erst nachdem man einige Tage mit der Oberfläche der Erde gekämpft hat und mehrere Male kurz vor der Niederlage stand, erkennt man die eigene Schwäche. Die Reise ist dann nicht nur ein Abenteuer mit ungewissem Ausgang, sondern ein Erlebnis, das demütig macht. Eine echte Grenzerfahrung.

BAMAKO, MALI 19. AUGUST [11 076 KM]

In den nächsten Tagen gibt es viel zu tun. Einer der Reifen muss geflickt werden, und außerdem müssen wir das Auto säubern und durchchecken. Die Lenkung vibriert stark. Das Lenkungsspiel wird mit der Zeit zu groß, und ich muss die Lagervorspannung der Achsschenkelbolzenlager nachjustieren, indem ich einige Distanzbeilagen von den Achsschenkelbolzen entferne. Wir verbringen heute den ganzen Tag mit Wäschewaschen und vermissen den *laundromat* in unserer Straße in Brooklyn. Einen riesigen Berg Wäsche von Hand zu waschen ist ziemlich harte Arbeit.

Bamako gefällt uns gut, eine bunte, chaotische und laute afrikanische Großstadt mit zwei Millionen Einwohnern. Wir gehen auf dem großen und gut sortierten Markt einkaufen. Aber es ist anstrengend, weil wir ständig angesprochen werden. Neben den üblichen Einkäufen wie Batterien, Pasta, Trinkwasser und Obst geben wir auch ein afrikanisches Kleid für Chiho in Auftrag. Zuerst kaufen wir bunt bedruckten Stoff in einem Laden und gehen dann zu einem Schneider, der Chihos Maße nimmt. In einem Fotoalbum suchen wir uns das gewünschte Modell aus. Morgen schon soll das neue Kleid fertig sein.

CHIHOS MASSGESCHNEIDERTES KLEID, MADE IN MALI

WASCHTAG IN BAMAKO

REGENWASSER-POOL IN DER L'AUBERGE DJOLIBA IN BAMAKO

ÜBERQUERUNG EINES NEBENARMS DES BANI

DJENNÉ, MALI 24. AUGUST [11 855 KM]

Wir erreichen Djenné. Der Ort ist vor allem wegen seiner großen Moschee bekannt, die vollständig aus Lehm gebaut ist. Das riesige Bauwerk wurde 1907 errichtet, fasst 2000 Menschen und gilt als das größte Lehmgebäude der Welt. Nach jeder Regenzeit wird die Moschee von Tausenden freiwilliger Helfer während eines zwei Tage andauernden Festes, dem *crépissage de la grande mosquée,* neu mit Lehm verputzt.

Mit unserem Land Rover zwängen wir uns durch die engen Gassen Djennés und parken im großen Innenhof des sehr einfachen Gästehauses Chez Baba. Hier übernachten wir. Es regnet in Strömen.

DJENNÉ, MALI 26. AUGUST [11 855 KM]

Eine furchtbare Nacht. 40 Grad Fieber. Entsetzliche Albträume. Im Traum muss mein Körper ständig eine Art Prüfung bestehen, sich durch ein enges Loch zwängen oder ein Hindernis überwinden. Wie in einer Endlosschleife wiederholt sich der Albtraum immer wieder, ohne Anfang, ohne Ende. Außer Fieber habe ich vor allem starken Durchfall. Den ganzen Tag muss ich zwischen meiner völlig durchschwitzten Matratze im hinteren Teil des Land Rover und der grauenvoll stinkenden Loch-im-Boden-Toilette des Gästehauses hin und her pendeln. Mit jedem Gang werde ich schwächer. Am Ende kann ich mich kaum mehr auf den Beinen halten.

Ich telefoniere mit meinem Vater, der mir ein starkes Antibiotikum verordnet. Unzählige Male hat er mich schon mit seiner ärztlichen Ferndiagnose gerettet. Chiho versorgt mich mit Tee und einer Zucker-Salz-Lösung, die einen eigenartigen Erdbeergeschmack hat. Ich bin unglaublich dankbar, dass sie bei mir ist.

KUNG-FU !!!

KINDER NEHMEN BRUCE-LEE-POSEN EIN, BEVOR SIE SICH VON CHIHO FOTOGRAFIEREN LASSEN. WENN SIE CHIHO SEHEN, RUFEN SIE OFT: « CHINOISE! CHINOISE! » – CHINESIN! CHINESIN!

DER NIGER BEI MOPTI

MOPTI, MALI 28. AUGUST [11 996 KM]

Es geht mir etwas besser. In nur vier Tagen habe ich sechs Kilo verloren, das sind fast zehn Prozent meines Gewichts. Es ist interessant zu sehen, was Bakterien in einem menschlichen Körper anrichten können und wie rapide sich der Gesundheitszustand verschlechtern kann.

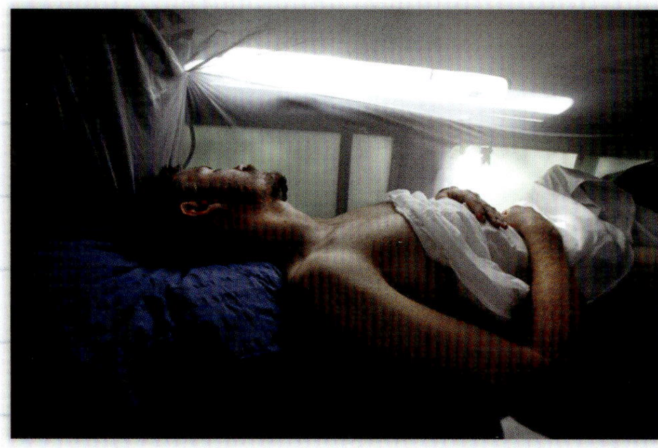

Chiho hatte gestern Abend etwas Fieber, und wir befürchteten schon, dass auch sie krank werden würde. Glücklicherweise geht es ihr heute schon wieder gut. Unser erster Gedanke ist natürlich immer Malaria. Täglich schlucken wir eine Malarone-Tablette als Malariaprophylaxe und schlafen auch immer unter einem Moskitonetz. Doch wir reisen mitten in der Regenzeit durch eine der am schlimmsten von Malaria betroffenen Regionen der Erde, und die Moskitos sind so zahlreich, dass es eigentlich unmöglich ist, nicht gestochen zu werden. Jährlich sterben knapp eine Million Menschen an Malaria, etwa die Hälfte von ihnen sind Kinder unter fünf Jahren. 90 Prozent der an Malaria Erkrankten leben auf dem afrikanischen Kontinent. Die Landbevölkerung, die am stärksten betroffen ist, wird im Vergleich zur Stadtbevölkerung in vielen afrikanischen Staaten medizinisch nur sehr schlecht versorgt.

DER KLEINE KÖNIG

KANI-KOMBOLE, MALI 29. AUGUST [12194 KM]

Auf einer guten Schotterpiste erreichen wir Bandiagara, den größten Ort in der Gegend und Ausgangspunkt für Touren ins Land der Dogon. Wir führen lange und zähe Verhandlungen mit einem Touristenführer und seinem Unterhändler, werden uns aber schließlich einig. Wir brechen Richtung Kani-Kombole auf. Unterwegs halten wir kurz in Tégourou an, wo ein alter Mann uns fragt, ob wir ihn ein Stück mitnehmen könnten. Da wir im Inneren des Land Rover keinen Platz haben – ich fahre, Chiho sitzt in der Mitte auf der Kamerakiste und unser neuer Führer Ousman auf dem Beifahrersitz –, nimmt das winzige Männlein auf dem Dach des Fahrzeugs Platz. Wie ein König thront er auf dem Dachgepäckträger. Es sind noch einige Kilometer bis zu unserem Ziel, und ich muss vorsichtig fahren, um unseren Fahrgast nicht zu verlieren. Als wir in Kani-Kombole ankommen, sind die Dorfbewohner hocherfreut und lachen über den kleinen König auf unserem Dach.

Wir waschen uns und essen zu Abend. Es gibt Reis mit Huhn und roter Zwiebelsoße, das lokale Standardessen. Sehr lecker. Morgen gehen wir mit Ousman zehn Kilometer zu Fuß bis nach Endé.

MOSCHEE IN KANI-KOMBOLE →

OUSMAN IN DEN FELSEN ÜBER ENDÉ

ENDÉ, MALI 30. AUGUST [12194 KM]

Es ist Nacht. Der Mond scheint sehr hell. Chiho und ich schlafen heute auf dem Dach eines Lehmhauses, das mitten in Endé steht. Wir haben unser großes Moskitonetz aufgespannt, liegen in unseren Schlafsäcken und hören den Geräuschen des Dorfes zu. Ein Kind schreit in der Ferne, ein Hund bellt, Ziegen meckern.

DORF IM FELSMASSIV VON BANDIAGARA

Wir werden früh wach, und nach einem Becher heißen Tee ziehen wir los. Ousman zeigt uns, wie die Leute hier leben, und führt uns zu traditionellen Getreidespeichern mit ihren reich verzierten Holztüren, die noch heute in Gebrauch sind. In einer gemeinschaftlich genutzten Lehmhütte schauen wir uns alte Tanzmasken an und steigen dann zu einem unbewohnten, hoch in den Felsen gelegenen Dorf auf.

Die Dogon sind eine der bekannteren Volksgruppen Afrikas. Sie leben in kleinen Dörfern, die wie an einer Perlenkette entlang des Falais de Bandiagara aufgereiht sind. Das Felsmassiv erstreckt sich über 200 Kilometer und fällt von der Abbruchkante eines Hochplateaus 250 Meter in die Tiefe. Ähnlich wie die Massai in Kenia und Tansania oder die Himba in Namibia haben sich die Dogon bis heute weitgehend ihre traditionelle Lebensweise und Kultur erhalten.

Sie leben auch jetzt noch ein ähnliches Leben wie ihre Vorfahren. In den Dörfern gibt es keinen Strom, keine Fernseher, keine Autos und kein fließendes Wasser. Die Mehrheit der Dogon praktiziert eine Stammesreligion mit ausgeprägter Ahnenverehrung. Aber selbst in diesem abgelegenen Teil Westafrikas haben Coca-Cola, Adidas und Nokia Einzug gehalten. Man sieht auch hier kleine Jungs mit FC-Barcelona-Fußballtrikots. Ihre Väter haben Handys und tragen Plastikschuhe aus China. Das Bilderbuch-Afrika mit edlen Wilden, die fernab der Außenwelt in perfekter Harmonie mit der Natur leben, gibt es nicht. Die Realität ist komplexer als die Klischeebilder in unseren Köpfen – aber nicht unbedingt schlechter. Bei all den Spannungen und sozialen Problemen, die durch den Einfluss moderner Produkte, von Geldwirtschaft, Alkohol und Tourismus entstehen, gibt es immer positive Errungenschaften: zum Beispiel der wenn auch begrenzte Zugang zu moderner Medizin und Schulbildung. Unser Eindruck ist, dass bei den Dogon die Gratwanderung zwischen gelebter Tradition und dem Zulassen der Einflüsse von außen gar nicht schlecht funktioniert.

AUF DER FÄHRE ÜBER DEN NIGER →

AM UFER DES NIGER

TIMBUKTU, MALI 1. SEPTEMBER [12721 KM]

Das Besondere an Timbuktu ist die Reise nach Timbuktu. Die sagenumwobene Stadt liegt nur wenige Kilometer vom Niger entfernt, genau an der Grenze zwischen der Steppenlandschaft der Sahelzone und den Sand- und Geröllfeldern der Sahara. Noch heute ist es eine Herausforderung, Timbuktu auf dem Landweg zu erreichen. Viele Reisende sind allerdings von dem Ort selbst eher enttäuscht. Es gibt keine Paläste, keine riesigen Moscheen, keine gigantischen Märkte mit edlen Tuareg, die auf ihren Kamelen umherreiten. Timbuktu ist heute ein kleiner staubiger Ort am Rande der Sahara, der mit Desertifikation sowie sozialen und wirtschaftlichen Problemen kämpft. Außer der Bibliothek und den Familienarchiven mit den wertvollen Manuskripten und Handschriften ist nur wenig zu sehen von der faszinierenden Vergangenheit der Stadt, die durch den Transsahara-Handel im 14. und 15. Jahrhundert zu großem materiellem und kulturellem Reichtum gekommen war. Dennoch genießen wir unseren Besuch. Das liegt wohl daran, dass wir unsere Erwartungen trotz der Legenden und Mythen, die diesen Ort umgeben, bewusst zurückgenommen hatten.

TIMBUKTU, MALI 4. SEPTEMBER [12 721 KM]

Zu dieser Jahreszeit sind nur sehr wenige Touristen in Timbuktu, und so werden wir auf Schritt und Tritt von hartnäckigen jungen Männern verfolgt, die sich als Führer anbieten oder uns Amulette, Armreifen und Messer verkaufen wollen. Entnervt geben wir schließlich nach und lassen uns zu einer kurzen Kameltour in die Dünenlandschaft nördlich von Timbuktu überreden. Unser Führer, Khalil, ist vielleicht 17 Jahre alt, trägt eine gefälschte Ray-Ban-Sonnenbrille, stylishe Euro-Jeans und ist, trotz seiner wiederholten Beteuerungen, genauso wenig ein Tuareg wie ich. Khalil entpuppt sich allerdings als zuverlässiger Geschäftsmann, der unsere kleine Tour sehr gut organisiert. Wir verbringen einen schönen späten Nachmittag und Abend auf zwei Kamelen in den Dünen und werden von einem „echten" Tuareg zum Tee eingeladen. Dass dieser Tuareg zufälligerweise auch Souvenirhändler von Beruf ist, stört uns nicht, denn er ist sehr freundlich und sein Tee hervorragend. Auf einer Düne sitzend, genießen wir den Sonnenuntergang in der Sahara.

Morgen fahren wir weiter in Richtung Gao. Wir haben uns entschieden, die wenig befahrene, aber landschaftlich schöne Route nördlich des Niger zu nehmen. Das Problem an dieser Piste ist, dass es dort immer wieder zu Überfällen durch bewaffnete Banden kommt. Wir reden mit Fahrern von Toyota-Pickups, die als einzige regelmäßig auf dieser Strecke unterwegs sind, als Sammeltaxi oder mit Schmugglerware bepackt. Einige der Fahrer haben zwar Gewehre in ihren Autos, aber sie versichern uns, dass die Strecke nach Gao derzeit relativ sicher sei. Vorsichtshalber verstauen wir alle Wertgegenstände tief unten im Auto in unseren Alukisten und hoffen, dass es gut geht.

TEETRINKEN IN DEN DÜNEN BEI TIMBUKTU

CHIHO 007.
DIESE BILDER WURDEN MIT EINER WINZIGEN MINOX-SPIONAGEKAMERA FOTOGRAFIERT, DIE AUS ALTEN JAMES-BOND-FILMEN BEKANNT IST. DIE NEGATIVE SIND NUR SO GROSS WIE EIN FINGERNAGEL UND DIE BILDER DAHER SEHR GROBKÖRNIG.

GAO, MALI 6. SEPTEMBER [13214 KM]

Die Piste von Timbuktu nach Gao ist sehr sandig und oft nur schwer zu finden. Wir begegnen kaum anderen Fahrzeugen. Vielleicht ist diese Piste im Moment so sicher, weil sie von so wenigen befahren wird? Wir sehen aber auch keine bis an die Zähne bewaffneten Banditen. Vielleicht haben wir einfach nur Glück. Der einzige Verlust wird uns auch nicht von Wegelagerern zugefügt, sondern von einem erstaunlich starken Sandsturm, der innerhalb von wenigen Minuten, ja Sekunden, heraufzieht. Einige unserer Kochutensilien werden buchstäblich vom Winde verweht. Hohe Sanddünen, Geröllfelder und mit Dornbüschen bewachsene Savannen wechseln sich ab. Morgen werden wir die Grenze zu Niger erreichen.

Niamey
Dosso
Ouagadougou
Tamale
Parakou
Kumasi
Port Novo
Lomé
Accra
Dixcove
B U R K I N A
G H A N A
T O G O
B E N I N

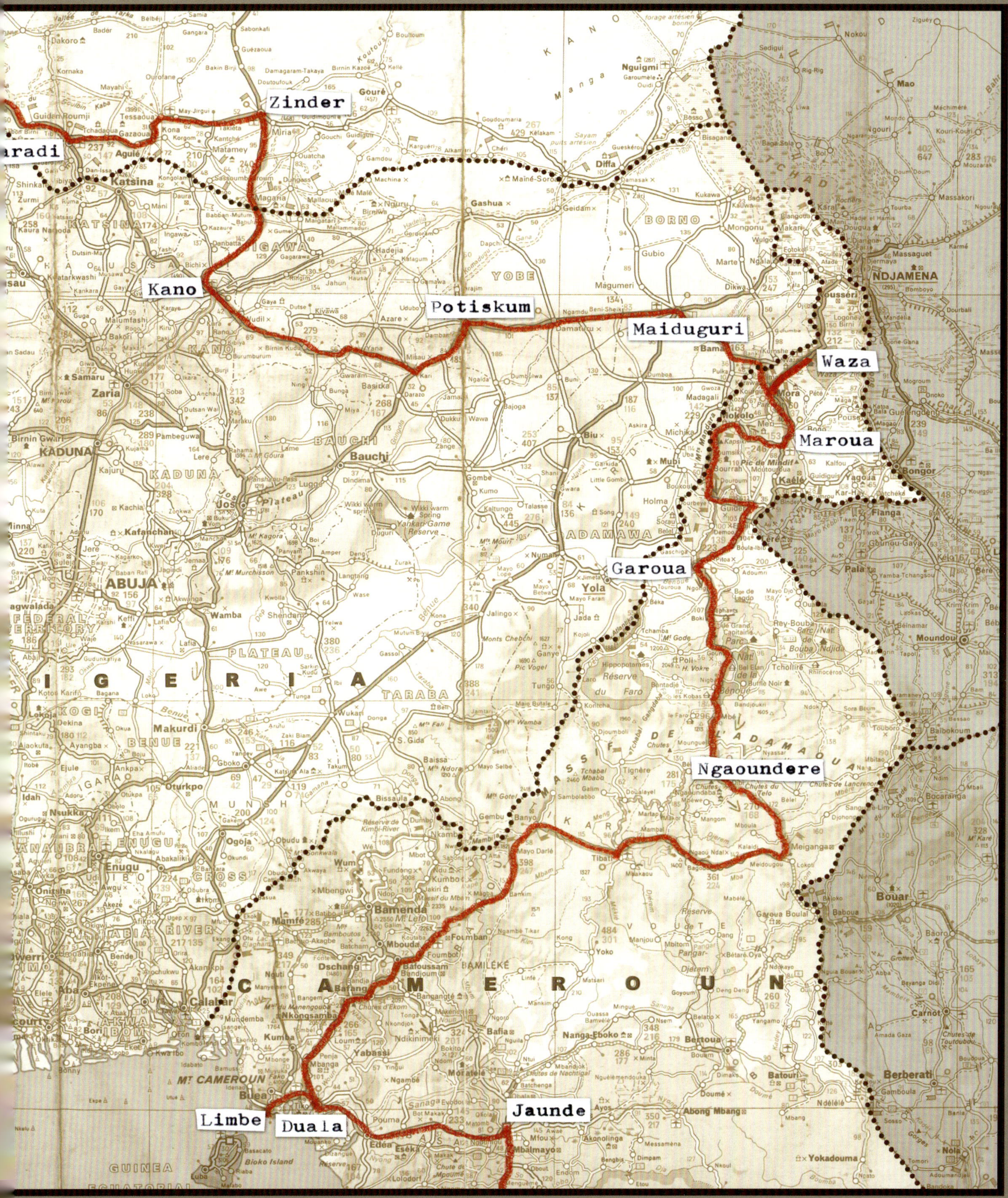

Zinder
Kano
Potiskum
Maiduguri
Waza
Maroua
Garoua
Ngaoundere
Limbe
Duala
Jaunde
C A M E R O U N
NDJAMENA
ABUJA
KADUNA

3 DIE LIEBE KENNT KEINE GRENZEN

NIGER

Niger ist das einzige Land, dessen Gebiet wir auf unserer Reise zweimal passierten. Fünf Tage, in denen wir außer der Hauptstadt Niamey, namenlosen Tankstellen, winzigen Dorfläden und dubiosen Hotels nicht viel zu sehen bekamen. Niger liegt an der vorletzten Stelle des Human Development Indexes der Vereinten Nationen. Das Land wird geplagt von politischer Instabilität, Rebellionen im Norden des Landes und einer ineffektiven Landwirtschaft. Die beiden für uns größten Anziehungspunkte, die legendäre Ténéré, oft als „Wüste der Wüsten“ bezeichnet, und das Aïr, ein Hochgebirge, konnten wir wegen der andauernden schlechten Sicherheitslage leider nicht besuchen. Daher wählten wir die direkte Reiseroute, um von Mali nach Burkina Faso und von Benin nach Nordnigeria zu gelangen.

BURKINA FASO

1984 erhielt Obervolta einen neuen Namen: Burkina Faso, das „Vaterland der ehrenwerten Menschen“. Die Hauptstadt Ouagadougou ist wahrscheinlich die am wenigsten bekannte Kapitale der Welt. Als wir dort gegen Abend eintrafen, waren wir überrascht, wie groß, modern und sauber alles wirkte. Die Ampeln funktionierten, und die Verkehrsteilnehmer hielten sogar an, sobald eine auf Rot umsprang. Für die Einwohner ist der Landesname wohl Programm. Leider beschränkte sich unser zweitägiger Besuch in Burkina Faso auf „Ouaga“, wie die Hauptstadt von den Burkinern genannt wird. Wir waren auf dem Weg nach Ghana.

GHANA

«*Welcome to Ghana!*», rief der Grenzbeamte uns zu, und wir waren froh, in einem englischsprachigen Land zu sein. Chiho konnte sich endlich direkt und ohne meine eher rudimentäre Übersetzung aus dem Französischen mit den Einheimischen unterhalten. Ghana ist eine ehemalige britische Kolonie und wurde bis zu seiner Unabhängigkeit Gold Coast genannt. Noch heute gibt es hier große Goldvorkommen, und der Abbau spielt eine zentrale wirtschaftliche Rolle für das Land.

Zum ersten Mal auf unserer Reise sehen wir tropischen Regenwald. Nur allmählich hat sich die Vegetation in den vergangenen Wochen verändert – von der unwirtlichen Sandwüste bei Timbuktu und Gao über die Dornbüsche des nördlichen Sahel und die grasbedeckten Ebenen und Baobabbäume des südlichen Sahel hin zu Buschland, das in Wald übergeht, und schließlich bis zu Ghanas Regenwald.

TOGO

Wir verbrachten nur eine einzige Nacht in diesem winzigen, ganzjährig tropisch heißen Land und wohnten in der Herberge Chez Alice, die unter Afrikareisenden bekannt ist. Alice Mettler ist Schweizerin und hat sich vor über 30 Jahren in der Nähe von Lomé, der Hauptstadt Togos, niedergelassen. Sie erzählt uns von der politisch instabilen Lage, Militärputschen und der Armut im Land, aber auch von ihrem privaten Hilfsprojekt – davon, dass ihr nachts manchmal neugeborene Babys vor die Haustür gelegt werden, die sie dann aufnimmt und versorgt.

BENIN

In Ouidah wurde ich beinahe von einer herabfallenden Kokosnuss erschlagen. Das Geschoss landete genau vor meinen Füßen, und ich malte mir schon die Schlagzeile aus: «Kriegsfotograf tödlich von Kokosnuss getroffen». Ouidah ist ein kleiner Küstenort, in dem einmal im Jahr ein großes Voodoofest stattfindet, das wir leider verpassten. Benin gilt als Geburtsstätte des Voodoo, ein jahrhundertealter Glaube, der oft als schwarze Magie missverstanden wird.

Anstatt gleich nach Nigeria zu reisen, fuhren wir von der Küste aus bis ganz in den Norden Benins, wo wir die Grenze zu Niger passierten. Diesen 3000 Kilometer langen Umweg wählten wir, um den als schwierig und gefährlich geltenden Süden Nigerias zu umfahren.

NIGERIA

Nigeria ist ein Land der Extreme. Das mit 150 Millionen Einwohnern bevölkerungsreichste Land Afrikas ist der größte Erdölproduzent des Kontinents. Regelmäßig kommt es zu religiös motivierter Gewalt. Das Land ist in einen muslimischen Norden und einen christlichen Süden geteilt. Nigeria ist unter Transafrika-Reisenden gefürchtet, und auch wir verbrachten hier nur drei Tage auf der Durchreise.

Sechs Monate zuvor, während der nigerianischen Präsidentschaftswahlen, die von Gewaltausbrüchen, Wahlbetrug und Chaos begleitet waren, hatte ich das Land als Fotojournalist für die *New York Times* ausgiebig bereist und war unter anderem in Kano, Lagos, Abuja und Port Harcourt gewesen. Ich hatte mit eigenen Augen politische Gewalt und Polizeiwillkür gesehen. Nigeria leidet, vor allem unter Afrikanern, unter einem äußerst schlechten Image. Aber die große Mehrzahl der Nigerianer, die ich traf, war herzlich, gastfreundlich und weltoffen. Für mich ein unterschätztes Land mit riesigem Potenzial, in dem man viel Zeit verbringen muss, um es auch nur ansatzweise zu verstehen.

KAMERUN

Während unserer Reise vom äußersten Norden in den tiefsten Süden Kameruns passierten wir unzählige Polizeikontrollen und sahen immer wieder, wie einheimische Reisende Geld als Wegzoll oder Kompensation für angebliche Vergehen zahlen mussten. Das System der Korruption zieht sich durch alle Gesellschaftsschichten und ist eines der Hauptprobleme Kameruns. Je mehr Zeit ich auf dem afrikanischen Kontinent verbringe, desto mehr Verachtung empfinde ich für seine Amtsträger. Persönliche Bereicherung, Vetternwirtschaft und Missmanagement ziehen sich wie ein roter Faden durch den Regierungsalltag vieler, wenn auch nicht aller afrikanischer Staaten.

Auch meine Einstellung zu ausländischer Entwicklungshilfe hat sich drastisch verändert. Ich bin deutlich skeptischer geworden. In vielen afrikanischen Ländern werden die Aufgaben, die eigentlich der Staat für die Allgemeinheit übernehmen sollte, von ausländischen Gebern erfüllt. Diese Leistungen werden aber zu wenig an Bedingungen geknüpft. Indirekt wird dadurch schlechte Regierungsarbeit gefördert. Afrikanische Staaten sind nicht mittellos. Wenn zum Beispiel die EU in einem afrikanischen Land eine Straße baut, dann werden im Staatshaushalt dieses Landes Gelder frei, denn es braucht die dringend benötigte Straße nicht selbst zu finanzieren, was es oft aber könnte. Die Machthaber geben dann die „ersparte“ Summe für andere Dinge aus, für Waffen, einen schmucken Präsidentenpalast oder einen schönen Dienstwagen. Oder das Geld landet auf mysteriöse Weise auf einem ausländischen Nummernkonto. Ohne Budget- und Entwicklungshilfe wären viele Machthaber Afrikas einem viel größeren Druck ihrer Bürger ausgesetzt, und politische Reformen und Machtwechsel würden schneller stattfinden. Direkte, nachhaltige Hilfe auf lokaler Ebene und Soforthilfe bei Katastrophen, wenn es um Leben und Tod geht, ist natürlich etwas anderes und jede Unterstützung wert.

NIAMEY, NIGER 9. SEPTEMBER. [13698 KM]

Es ist stockdunkel. Mithilfe meiner Stirnlampe versuche ich, die Verschraubungen zu finden, um das Armaturenbrett auseinanderzubauen. Chiho sitzt auf dem Beifahrersitz und reicht mir einen Schraubenzieher. Obwohl es mitten in der Nacht ist, läuft mir der Schweiß über die Stirn, in die Augen, den Nacken hinab. Der Land Rover parkt am Rand einer großen Ausfallstraße, nicht weit vom Zentrum Niameys, der Hauptstadt des Niger. Vor einer Stunde fielen plötzlich die beiden Hauptscheinwerfer aus. Mit den beiden Zusatzleuchten, die am Dachgepäckträger montiert sind, fuhren wir weiter, bis uns die nigerische Polizei anhielt. Der Beamte, der grimmig vor der Wagentür steht, hält Fahrzeug- und Führerschein in seiner Hand.

Wenn ich nur endlich diesen Fehler finden würde! Mit einem Spannungsmessgerät kontrolliere ich die elektrischen Sicherungen und Verbindungen. Dann wird mir klar, dass der Lichtschalter defekt ist. Ich durchtrenne zwei Kabel mit einem Seitenschneider, verbinde sie provisorisch und überbrücke so den defekten Kontakt. Die Scheinwerfer leuchten wieder. Der Polizist gibt sich unbeeindruckt. Er hält mir einen Vortrag darüber, dass ich die Verkehrsregeln der Republik Niger zu beachten hätte. Nur seine Großzügigkeit halte ihn davon ab, ein Bußgeld zu verhängen. Dann blickt er auf seine billige Plastikuhr und sagt, ohne eine Miene zu verziehen: «Normalerweise braucht man für eine so einfache Reparatur nur 15 Minuten. Wie kommt es, dass Sie ganze 20 Minuten gebraucht haben?» Sein Kommentar ist nicht als Scherz gemeint.

«Ein nigerischer Mechaniker», sage ich, «hätte das Problem bestimmt viel schneller gefunden.» Anscheinend war das die richtige Antwort, denn der Polizist überreicht mir daraufhin mit großer Geste meine Papiere und wünscht uns einen schönen Abend.

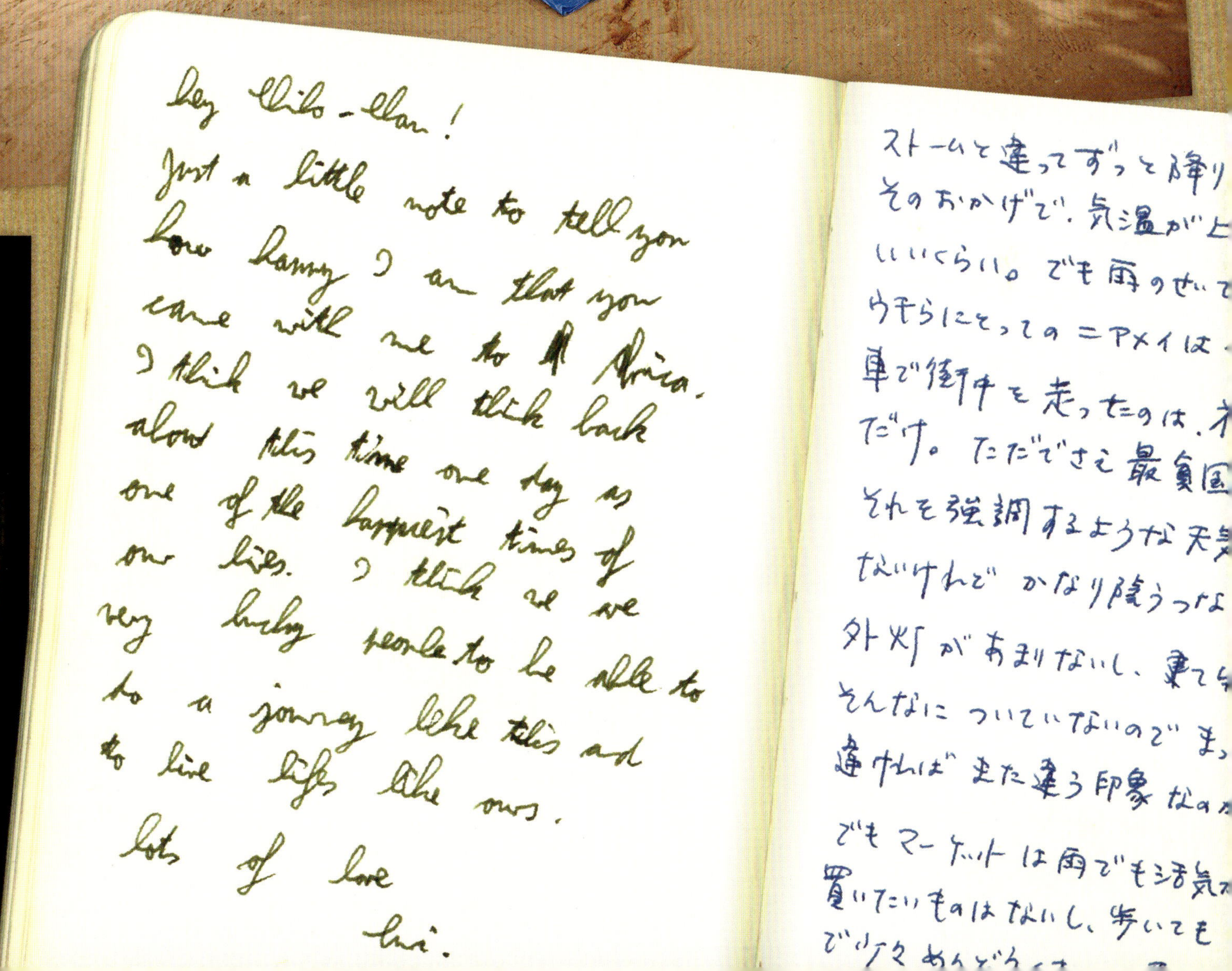

Hey Chiho-chan!
Just a little note to tell you
how happy I am that you
came with me to Africa.
I think we will think back
about this time one day as
one of the happiest times of
our lives. I think we are
very lucky people to be able to
do a journey like this and
to live lifes like ours.
lots of love
Lui.

ストームと違ってずっと降り
そのおかげで、気温が上
いいくらい。でも雨のせいで
ウチらにとってのニアメイは
車で街中を走ったのは、
だけ。ただでさえ最貧国
それを強調するような天気
ないけれどかなり陰うつな
外灯があまりないし、車
そんなについていないので ま
通ればまた違う印象なの
でもマーケットは雨でも活気
買いたいものはないし、歩いても
で少々めんどう

査 証
VISAS
BURKINA FASO VISA N° 381
Nom KITAJIMA Chieko N° de PASSEPORT TZ0485141
Nombre d'Entrées une (01)
Durée Maximum SEJOUR trois (03) mois
Date Limite de la Derniere Sortie du TERRITOIRE 24 décembre 2007
DELIVRE le 07 aout 2007
A DAKAR
TIMBRE FISCAL
1000 FRANCS
BURKINA FASO

Sichtvermerke/Visas/Visas
AMBASSADE DU MALI AU SENEGAL
SECTION CONSULAIRE
VISA D'ENTREE N° 1168/AMD
Valable pour une Entrées au MALI
Durée de Séjour un mois
Motif du Séjour Tourisme
Destination : Bamako
Date d'Expiration du VISA 2.11.2007
Dakar, le 3.08.2007
Le Chef de Section
TIMBRE FISCAL
5000 FRANCS
2500 FRANCS
BURKINA FASO VISA N° 380
Nom BANGERT Christoph N° de PASSEPORT 324469682
Nombre d'Entrées une (01)
Durée Maximum SEJOUR trois (03) mois
Date Limite de la Derniere Sortie du TERRITOIRE 24 novembre 2007
DELIVRE 07 août 2007
A DAKAR
1000 FRANCS
BURKINA FASO

OUAGADOUGOU, BURKINA FASO   11. SEPTEMBER [14276 KM]

Wir campen im Garten des Hotel OK Inn, einem vielleicht Zweieinhalb-Sterne-Etablissement etwas außerhalb des Zentrums. Vor allem in den Städten fragen wir oft in Hotels, ob wir für einen reduzierten Preis mit unserem Land Rover auf dem Parkplatz oder im Garten campen dürfen. Die Preise für Hotelzimmer sind in afrikanischen Städten genauso hoch wie in Europa, aber die Standards sind leider viel niedriger. In dünn besiedelten Gebieten, in der Savanne oder Wüste, stellen wir den Land Rover einfach an einer geeigneten Stelle ab und campen in der freien Natur. Aber in Städten und dicht besiedelten Gebieten ist es nicht immer leicht, einen geeigneten und sicheren Schlafplatz zu finden. Den letzten richtigen Campingplatz haben wir in Spanien gesehen. Wieder einmal hat uns ein Rat von Afrikareisenden genutzt. Man hilft sich gerne mit Tipps und GPS-Koordinaten von Camp- und Übernachtungsmöglichkeiten weiter. So haben wir auch vom Hotel OK Inn gehört, in dem das Campen, der Pool und das Internet sogar gratis sind, solange man im dazugehörigen Restaurant zu Abend isst, was wir gerne tun, denn das Essen ist ausgezeichnet.

ICH RETTE EINE MEERESSCHILDKRÖTE: FÜR 20 EURO SCHLEPPEN DIE FISCHER, IN DEREN NETZEN SICH DIE SCHILDKRÖTE VERFANGEN HATTE, DAS TIER ZURÜCK INS MEER, ANSTATT ES AUFZUESSEN.

IN DER NÄHE VON DIXCOVE, GHANA

16. SEPTEMBER [15616 KM]

In Kumasi, der zweitgrößten Stadt Ghanas, besuchen wir den Markt, der als der größte in Westafrika gilt, und bleiben mit unserem Fahrzeug zwei Stunden lang im dichten Marktgedränge stecken. Ein großartiges Knäuel von hupenden, stinkenden Fahrzeugen und schimpfenden Taxifahrern in ihren bunten, zerbeulten Blechkisten. Und wir mittendrin. Müde, verschwitzt, gestresst, aber auch ganz nah dran.

Von Kumasi aus geht es immer nach Süden, vorbei an Bananenplantagen und Dörfern aus kleinen farbigen Häusern mit verrosteten Wellblechdächern. Wir sehen Palmen. Und dann endlich das Meer. Ein großartiger Moment. Wir campen auf einem schönen Platz direkt am Strand. Unmittelbar vor dem Auto bricht sich lautstark die Brandung.

IN DER NÄHE VON DIXCOVE, GHANA 17. SEPTEMBER [15 616 KM]

Heute muss es passieren. Seit Wochen will ich Chiho einen Heiratsantrag machen. Ich kann es nicht länger aufschieben. Jetzt oder nie. Doch immer wieder kommen Zweifel in mir hoch. Bin ich bereit? Heiraten. Eine Familie gründen. Sesshaft werden. Der Gedanke daran macht mir Angst. Eine Ehe kann man nicht abschalten oder spontan unterbrechen. Sie ist eine langfristige, bisweilen anstrengende und arbeitsintensive Sache, die viel Hingabe und Ausdauer verlangt. Bin ich bereit, einen solchen Schritt zu wagen? Habe ich den Mut, die Ausdauer und den Willen? Was passiert, wenn sie Nein sagt?

Kalter Schweiß. Panik.

Wir gehen am Strand entlang. Die Stimmung ist spektakulär. Die Sonne bricht durch die Wolken und taucht den hellen Sandstrand, das weiß schäumende Meer und die Palmen in warme, orange leuchtende Farben. Dazu die salzige Luft. Meine Hand in ihrer. Perfektes Licht. Mein Herz rast.

Sie sagt Ja.

BLICK VOM FORT VON ELMINA AUF DEN GOLF VON GUINEA

KOKROBITE, GHANA 19. SEPTEMBER [15 892 KM]

Wir besuchen die historischen Festungen in Elmira und Cape Coast. Fast 60 dieser Forts oder *castles* haben die Europäer zwischen dem 15. und 18. Jahrhundert an der Küste Ghanas errichtet. Portugiesen, Holländer, Dänen, Brandenburger, Schweden und später vor allem die Briten nutzten diese Forts als Handelsstützpunkte. Zuerst wurde vorwiegend Gold gehandelt, später Sklaven. Menschen wurden von rivalisierenden afrikanischen Völkern und Königreichen an die Europäer verkauft und über die Forts per Schiff in die Neue Welt transportiert, wo die Sklaven an Großgrundbesitzer und Plantagenbetreiber weiterverkauft wurden. Zwischen zwölf und 25 Millionen Menschen wurden auf diese Weise verschleppt, und selbst wenn sie die grausame Behandlung und die unmenschlichen Lebensbedingungen – man hielt sie wie Tiere – überlebten, blieben sie doch für immer Entwurzelte und Vertriebene.

Der Besuch der Festungen bedrückt mich sehr. Der Mensch ist unglaublich grausam. Er kann schlimmer wüten als jedes Tier. Deutsche, Portugiesen, Holländer. Amerikaner. Dunkelhäutige Menschen. Hellhäutige Menschen. Christen, Juden, Muslime. Es macht keinen Unterschied. In unserer Grausamkeit sind wir alle gleich.

← DER HAFEN VON DIXCOVE

ACCRA, GHANA 21. SEPTEMBER [16162 KM]

Ein langer Tag in den stickigen Straßen von Accra: zuerst zur nigerianischen Botschaft. Zwei Stunden Stau. Die Botschaft ist umgezogen. Endloses Fragen, Rumsuchen. Endlich machen wir die neue Adresse der Botschaft ausfindig. Eine lange Liste von Formalitäten. Wir brauchen Kopien von Reisepass, Impfausweis, Führerschein, Versicherungsnachweis, Zolldeklaration … Einen Kopierladen suchen. Anträge handschriftlich ausfüllen. Nach der Hälfte der Kopien – Stromausfall. Warten auf Strom. Christliche Musik und *preaching* aus dem Batterieradio. Erneute Suche nach einem Kopierladen in einem anderen, über Strom verfügenden Stadtteil. Kopieren der restlichen Papiere. Zurück zur Botschaft. Visumsinterview mit einem jungen, arroganten nigerianischen Beamten, ein Frage-und-Antwort-Spiel. Morgen soll alles fertig sein. Auf der Rückfahrt ein Unwetter. Auf der Straße steht das Wasser knietief. Stau. Hoffnungslos verfahren. Nach dem Weg fragen, immer wieder.

Irgendwann kommen wir bei Jane an. Es ist schön, sie wiederzusehen. Was würden wir nur ohne unser Netzwerk von Fotografenkollegen machen? Sie bringt uns in dem kleinen, gemütlichen Haus einer Freundin unter, die gerade unterwegs ist. Ein sauberes Bad. Die erste Nacht in einem richtigen Bett seit langer, langer Zeit. Der Strom ist wieder weg, und wir schreiben bei Kerzenschein. Danke, Jane.

DAS FORT VON ELMINA

LOMÉ, TOGO 26. SEPTEMBER [16465 KM]

Wir fahren die Küstenstraße entlang. Am offenen Fenster des Land Rovers ziehen weiße Strände mit Palmen vorbei. Wir sehen das tiefblaue Meer, riechen die salzige Luft. Wir passieren kleine Fischerdörfer und sehen Frauen, die winzige Fische auf dem Randstreifen der Teerstraße in der Sonne trocknen.

In den Außenbezirken von Lomé werden wir an einer Straßensperre angehalten. Ein dicker togolesischer Polizist fragt mich auf Französisch, wo ich herkomme. «Aus Deutschland», sage ich. Ob dies meine Frau sei, fragt er dann, wobei er mit dem Kinn eine Bewegung in Chihos Richtung macht. Ich sage Ja. Das entspricht nicht ganz der Wahrheit. Aber aus praktischen Erwägungen sind Chiho und ich neuerdings quasi verheiratet, denn in Afrika ist es undenkbar, dass ein unverheiratetes Paar einfach so im Auto quer durch die Lande saust.

«Die Frau sieht asiatisch aus», sagt er, wobei er wieder mit dem Kopf deutet. «Ja», sage ich, «sie ist Japanerin.» Schweigen. Ein ungläubiger Blick. Dann ein Lächeln. Schließlich ein breites Grinsen. Er sagt: *«L'amour ne connaît pas de frontières.»*

Die Liebe kennt keine Grenzen.

AM STRAND VON LOMÉ

DAS MONUMENT PORTE DE NON RETOUR (DIE „PFORTE OHNE WIEDERKEHR") IN OUIDAH ERINNERT AN DEN TRANSATLANTISCHEN SKLAVENHANDEL.

SALTO MORTALE MIT LKW →

OUIDAH, BENIN 27. SEPTEMBER [16 584 KM]

Die Grenzformalitäten dauern zwei Stunden. Es dauert immer zwei Stunden. Die togolesischen und die beninischen Grenzbeamten bewegen sich sehr langsam. Mit Engelsgeduld werden Fahrzeugdaten in ein überdimensional großes, liniertes Buch geschrieben. Sauber und ordentlich. Kennzeichen, Fahrzeugmarke, der Name des Fahrers, die Anzahl der Passagiere, die Nummer des Führerscheins und das Ausstellungsdatum des Reisepasses. Die Beamten verbringen ihr gesamtes Leben damit, Daten fein säuberlich in übergroße Bücher zu schreiben. Einen Eintrag nach dem anderen. Wenn ein Buch voll ist, wird ein neues Riesenbuch angelegt. Das alte verschwindet in einem Schreibtisch oder Schrank. Nie wird es gelesen oder gebraucht. Schubladen und Schränke unvorstellbar vieler Amtsstuben auf der ganzen Welt werden so mit beschriebenem Papier gefüllt. Ob sich diese Beamten je nach dem Sinn ihrer Arbeit fragen? Ich denke eher nicht. Afrikanische Bürokratie. Eine Verschwendung.

EINE TOILETTE MIT DUSCHE IM KANO STATE TOURIST CAMP, EINER ART CAMPINGPLATZ, DER VOM TOURISMUSVERBAND DES BUNDESSTAATES KANO BETRIEBEN WIRD. DIE SANITÄREN ANLAGEN WAREN BEI WEITEM NICHT DIE SCHLIMMSTEN, DIE WIR IN WEST- UND ZENTRALAFRIKA ANTRAFEN.

KANO, NIGERIA 2. OKTOBER [18691 KM]

Wir besuchen Kano, eine Großstadt im muslimischen Norden Nigerias. Nicht viel erinnert heute an die fast tausendjährige Geschichte dieses Ortes. Lediglich die verwitterten Überreste der einst 20 Kilometer langen Stadtmauer aus Lehm sind noch zu erkennen. Der Emirpalast und die Große Moschee beherrschen das Zentrum der Stadt, sind aber für Besucher nicht geöffnet.

Bei meinem letzten Aufenthalt in Kano habe ich während der Wahlen als Zeitungsfotograf Straßenschlachten fotografiert. Jetzt bin ich mit Chiho hier, und die Stadt ist völlig friedlich. Geschäftige Normalität. Verkehrschaos. Alltag in einer afrikanischen Millionenstadt.

DAS EINGANGSTOR ZUM EMIRPALAST IN KANO

HOLLANDFAHRRAD IN NORDNIGERIA

DER POOL DES CAMPEMENT DE RHUMSIKI →

MAIDUGURI, NIGERIA 3. OKTOBER [19333 KM]

«What's your mission? Why are you coming to this country?» Der vielleicht 50-jährige Mann schreit mich an. Er ist schrecklich übergewichtig und trägt einen braunen Anzug im Mao-Tse-Tung-Stil. Außerdem ist er der Hotelmanager des Lake Chad Hotels in Maiduguri. Ich habe ihn höflich gefragt, ob es vielleicht möglich wäre, auf dem großen Parkplatz seines Hotels in unserem Land Rover zu campen. Gegen Bezahlung natürlich. Aus irgendeinem Grund wird der Mann sehr wütend und beginnt mich zu beschimpfen. Ein nicht ganz nüchterner Choleriker, wie es scheint.

Es ist spät. Wir sind völlig erschöpft von der langen Fahrt. In Maiduguri gibt es nur ein einziges Hotel, das Lake Chad Hotel. Nach Einbruch der Dunkelheit sind Überlandfahrten in Nigeria nicht zu empfehlen. Ich werde nicht gerne angebrüllt, doch dies scheint nicht der richtige Moment für persönliche Empfindlichkeiten. Ich erkläre dem Mann, dass meine Mission in Nigeria der Tourismus sei, worauf er mich verwirrt ansieht, als hätte ich gerade erklärt, dass ich vom Mars komme, um die Gastfreundschaft Nigerias zu erleben.

Wir nehmen das günstigste Zimmer, müssen im Voraus bezahlen und zudem eine Kaution über den dreifachen Zimmerpreis hinterlegen. Es gibt keinen Strom und kein fließendes Wasser. Der Generator ist kaputt. Das Restaurant ist auch geschlossen. Wir sind die einzigen Gäste. Das stickig heiße Zimmer teilen wir uns mit einem Schwarm hungriger Moskitos. Eine schlaflose Nacht.

Ich bin mir nicht sicher, ob der Tourismus in Maiduguri eine Zukunft hat.

BAOBAB

BAFOUSSAM, KAMERUN

11. OKTOBER [21253 KM]

Die Straßen Kameruns bestehen streckenweise nur aus knietiefem Morast, in dem überladene Lastwagen regelmäßig stecken bleiben. In besonders schwierigen Passagen lungern an den Straßenrändern überall junge Männer herum. Als ich etwa 30 Kilometer von Foumban entfernt vor einem Lkw stoppen muss, der hoffnungslos im Schlamm steckt, begreife ich, warum: Die Männer sind professionelle „Ausbuddler". In diesem Fall allerdings bleiben sie untätig. Offenbar hat der Fahrer nicht genügend Geld, um sie zu bezahlen. Da kümmert es auch niemanden, dass etwa 50 Lastwagen und 20 Autos darauf warten, weiterfahren zu können. Eine Menschenmenge von vielleicht 150 Zuschauern und Reisenden ist am Schlammloch versammelt. Alle sitzen untätig herum und warten. Einer ruft mir auf Englisch zu: *«White man, white man! Look how we suffer! You, from America, you have to help us Cameroonians. We have no roads!»*

Erst nach zwei Stunden ist die Finanzierung der Bergungsaktion ausgehandelt, und die Arbeiter fangen an zu schaufeln, wobei sie sich tiefer und tiefer in die Erde graben, wo einst die Straße war. Rechts und links des Weges türmen sich bereits hohe Erdwälle auf und bilden eine Art Schlucht, die es zu durchfahren gilt.

Endlich wird das Hindernis, ein gelber 40-Tonnen-Lkw, mit zwei anderen Lastwagen, die wie eine Eisenbahn mit dicken Stahlkabeln hintereinander gespannt werden, aus seinem Loch gezogen, und die Reise kann für alle weitergehen.

DIE KAMERUNISCHE NATIONALSTRASSE NR. 6 ZWISCHEN MEIDOUGOU UND TIBATI

DOUALA, KAMERUN 13. OKTOBER [21 550 KM]

Beim ersten Mal frage ich mich noch, wieso sich ein kamerunischer Dorfpolizist um den Zeitpunkt meiner letzten Gelbfieberimpfung sorgt. Schnell wird mir aber klar, dass sich hier niemand für meine Gesundheit interessiert, sondern für Bargeld. Heute passieren wir 21 kamerunische Polizeikontrollen – an einem einzigen Tag! In Nigeria sind es in drei Tagen insgesamt 30 Checkpoints der Polizei, des Zolls und der Armee. Einige Male werden wir einfach durchgewunken, aber meistens müssen wir ausführlich Fragen beantworten und Wagenpapiere, Führerscheine, Reisepässe, Impfausweise, Zolldokumente und einen Fahrzeugversicherungsnachweis vorzeigen. Oft wird auch kontrolliert, ob zwei (!) Warndreiecke, ein Feuerlöscher und ein Verbandskasten vorhanden sind, alles in der Hoffnung, einen noch so geringen Regelverstoß zu finden, der sehr teuer für uns und sehr lukrativ für den Beamten werden könnte. Obwohl unsere Papiere und Ausrüstung stets in bester Ordnung sind, werden wir von den kamerunischen Beamten meist mit ernstem Blick nach einem *«cadeau»* gefragt, einem Geschenk, und von den nigerianischen Kollegen nach einer *«appreciation of our hard work»*, einer Anerkennung ihrer harten Arbeit.

Es ist ein hoffnungsloses Unterfangen, an das Ehrgefühl eines nigerianischen Beamten zu appellieren. Jeglicher Versuch, die Korruption Afrikas im Alleingang beenden zu wollen, endet in Frustration und Ärger. Im Vergleich zu den einheimischen Reisenden, die regelmäßig hohe Geldbeträge zahlen müssen, kommt man als Europäer meist glimpflich davon. Oft reicht es schon, freundlich zu bleiben, einen Witz zu machen, Interesse und Respekt zu zeigen oder etwas Essbares zu überreichen. So summieren sich die Bestechungsgelder, die wir bisher in Nigeria und Kamerun ausgezahlt haben, auf acht Bonbons, zwei Plastikkugelschreiber und ein Viertel kaltes Brathähnchen vom Vortag. In Afrika geht es nie ums Prinzip. Es geht darum, pragmatisch und flexibel zu sein. Wer mit Sturheit, Geiz und Stolz durch diesen Kontinent reist, wird schnell an seine Grenzen stoßen.

SCHLAMMSCHLACHT BEI FOUMBAN

LIMBE, KAMERUN 13. DEZEMBER [21 989 KM]

Ich werde Mitglied des Bird Watcher's Club von Limbe. Ich habe allerdings überhaupt keine Ahnung von Vögeln. Ja, ich würde sogar sagen, dass mein Interesse an Ornithologie im Allgemeinen gering ist. Eine Mitgliedschaft hat jedoch den großen Vorteil, dass sie zu einem Aufenthalt in einem der beiden Gästezimmer des Clubs berechtigt. Und so wohne ich seit einigen Tagen im winzigen Clubhaus, das auf einem dunklen, vulkanischen Felsen direkt über dem Meer steht. Ich sitze auf der Terrasse, schaue aufs Meer hinaus, schreibe Tagebuch oder unterhalte mich mit Hans van der List, dem holländischen Ingenieur und Gründer des Bird Watcher's Club, der seit über 30 Jahren in Kamerun lebt.

Direkt neben dem Club befindet sich der 1892 von Dr. Paul Preuss, einem deutschen Biologen, gegründete Botanische Garten. In seinen Aufzeichnungen von 1901 heißt es: «Der Botanische Garten hat eine wunderschöne Lage, ich habe wenige Plätze gesehen, die sich hierin mit ihm vergleichen könnten. An einer Seite ist er von der See umspült, die dort stark brandet. Nicht fern vom Ufer liegen einige Inseln. (...) Auf der anderen Seite steigt unmittelbar das Kamerungebirge mit seinen zwei Spitzen von nahezu 2000 und über 4000 Meter Höhe imposant auf. Kamerun ist der schönste Punkt an der ganzen Westküste Afrikas; und nicht nur der schönste, sondern auch der fruchtbarste.»

In den nächsten Wochen werde ich wieder alleine unterwegs sein. Chiho ist in Japan. Die Reise durch Gabun, die Republik Kongo, die Demokratische Republik Kongo und Angola wird eine Herausforderung sein – da ist es gut, am schönsten Punkt der afrikanischen Westküste noch etwas auszuruhen.

THE BIRD WATCHERS CLUB LIMBE
promoted by EMICAM
(Enviromental Mirror of Cameroon)

AUSSICHT VOM BIRD WATCHER'S CLUB IN LIMBE.
WENN ICH JEMALS EINEN ROMAN SCHREIBEN SOLLTE, DANN HIER.

Oyem
Lambaréné
Ndende
Loubomo
Brazzaville
LIBREVILLE
G A B O N
RIO MUNI
Port-Gentil
Mouila
Makokou
Franceville
POINTE-NOIRE
KINSHASA
MATADI
Cabinda
Booué
Bitam
Mitzic
Ndjolé

4 WEIHNACHTEN IN LAMBARÉNÉ

GABUN

Gabun ist eines der reichsten Länder südlich der Sahara. Dennoch leben etwa 80 Prozent der Bevölkerung unterhalb der Armutsgrenze. Über 90 Prozent des Bruttoinlandsprodukts wird von nur zehn Prozent der Bevölkerung verbraucht. Die relativ kleine Bevölkerung, die enormen Rohstoffvorkommen – das Land verfügt über erhebliche Erdölreserven vor der Küste – und die beträchtliche ausländische Hilfe haben Gabun im Laufe der Zeit zu einem der wenigen florierenden Staaten Afrikas gemacht. Präsident Omar Bongo regierte das Land seit 1968 mit harter Hand. Nach seinem Tod im Jahr 2009 wurde sein Sohn Ali Bongo zum neuen Präsidenten gewählt.

Besonders der Besuch in Albert Schweitzers berühmtem Urwaldspital in Lambaréné hat sich mir eingeprägt. Das Krankenhaus, das nach wie vor besteht und derzeit über 150 Betten verfügt, wurde 1913 gegründet, zu einer Zeit, als es den Staat Gabun noch nicht gab und Lambaréné noch abgelegener war als heute. In einem der historischen Holzhäuser des Krankenhauskomplexes ist ein kleines Museum untergebracht, in dem das Klavier und einige andere Gegenstände des Theologen, Philosophen, Musikers, Arztes und Friedensnobelpreisträgers ausgestellt sind. Dort habe ich seine Erinnerungen „Aus meiner Kindheit und Jugendzeit" gekauft und sofort gelesen. Albert Schweitzers Leben und Arbeit haben mich tief beeindruckt – vor allem, wenn man es im historischen Kontext betrachtet.

REPUBLIK KONGO

In der Republik Kongo traf ich auf Ninjas.

Durch meinen Beruf als Fotograf bin ich es gewohnt, von bewaffneten Männern umgeben zu sein. Den Anblick einer Horde ganz in schwarz gekleideter, Dreadlocks tragender und bis an die Zähne bewaffneter junger afrikanischer Männer, die eine illegale Straßensperre errichtet hatten, fand ich trotzdem beunruhigend. Die jungen Kämpfer, einige von ihnen dem Alter nach Kinder, hatten glasige Augen, sie schienen bekifft zu sein. Sie sind Überbleibsel der Ninja-Miliz, offiziell nicht mehr bestehende Kampfeinheiten, die während des kongolesischen Bürgerkriegs von 1997 bis 2003 auf wechselnden Seiten kämpften. Den Ninjas werden die Ermordung und Vergewaltigung Hunderter oder gar Tausender Zivilisten vorgeworfen. Der Schauplatz vieler dieser Gräueltaten: illegale Straßensperren.

Lange wurde die Republik Kongo als Kongo-Brazzaville bezeichnet, um sie von der viel größeren Demokratischen Republik Kongo zu unterscheiden. Das Land, eine ehemalige französische Kolonie, erholt sich nur langsam von den Folgen des Bürgerkriegs.

Die Hauptstadt Brazzaville wird durch den Kongo, der sich hier auf natürliche Weise staut und den Pool Malebo bildet, von Kinshasa getrennt. Die Stadt ist ein wichtiger Hafen für die Schifffahrt auf dem Kongo, da der Fluss erst ab hier flussaufwärts schiffbar ist.

Ich hatte Glück: Die Ninjas ließen mich nach einer längeren Befragung durch.

LAMBARÉNÉ, GABUN 25. DEZEMBER [23 393 KM]

Weihnachten in Lambaréné. *«Joyeux Noël, ma sœur!»*, sage ich zu den freundlichen alten Nonnen und schüttle jeder die Hand. Ich campe mit meinem Land Rover im Garten der katholischen Mission Saint-François Xavier. Die Nonnen kommen aus Frankreich und Spanien und arbeiten ohne Unterlass trotz ihres hohen Alters von frühmorgens bis abends. Die Mission ist blitzblank und in einem sehr guten Zustand.

Es macht mich traurig, es zu sagen, aber fast alle erfolgreichen und gewinnbringenden Missionen, Hotels, Werkstätten und Geschäfte, die ich bisher in West- und Zentralafrika besucht habe, werden von Ausländern geführt. Die meisten großen Lebensmittelläden in Westafrika werden zum Beispiel von Libanesen, Mauretaniern oder Chinesen betrieben. Es scheint fast, als wären die Subsahara-Afrikaner die schlechtesten Geschäftsleute der Welt.

Ich habe bisher nicht herausfinden können, woran das liegt. Ist es die ungenügende Schulbildung? Sind die Ursachen kulturell bedingt? Oder eine Spätfolge der Kolonisation? Man muss sich vor Verallgemeinerungen hüten. Afrika ist ein riesiger Kontinent mit sehr unterschiedlichen Kulturen. Selbst im viel kleineren Europa gibt es große kulturelle Unterschiede. Und eines ist offensichtlich: An Fleiß mangelt es nicht. Vor allem die Frauen in den ländlichen Gebieten Afrikas arbeiten schwer.

FAHRT NACH LAMBARÉNÉ

KINDER BADEN IM OGOOUÉ IN LAMBARÉNÉ.

Die Nonnen sind froh, mich zu sehen, und wir unterhalten uns ein wenig. Nun, eigentlich reden sie, und ich versuche, das Gesagte halbwegs zu verstehen. Sie wirken einsam. Es ist, als wohnten sie auf einer Insel. Um sie herum ist Afrika, wo die Leute laute Musik hören, viel Bier trinken, nicht lesen und schreiben können und sich direkt neben ihrem Haus erleichtern.

Im Grunde hat sich in diesen ländlichen, abgelegenen Gebieten nicht viel geändert, seit Albert Schweitzer vor 100 Jahren hier wirkte. Die Leute leben in furchtbarer Armut in kleinen, stinkenden Holzhütten im Wald. Gabun ist eines der reichsten Länder Afrikas, doch die Mehrheit scheint rein gar nichts zu besitzen und noch weniger zu produzieren. Die Menschen leben vor sich hin, bauen ein paar Bananen und etwas Mais an.

Ich sitze im Land Rover und packe mein einziges Weihnachtsgeschenk aus, ein Buch von Raymond Depardon mit dem Titel „Our Farm". Es ist von Chiho. Ich vermisse sie sehr.

Im Auto sind Ameisen.

NYANGA, REPUBLIK KONGO

27. DEZEMBER [23 812 KM]

Heute morgen starker Durchfall. Gestern Nacht um 3 Uhr fing es an. Heute den ganzen Tag nichts gegessen. Am Morgen den platten Reifen vorne rechts entdeckt. Rad gewechselt, Auto gepackt, Nonnen bezahlt. Im Dorf Grenzformalitäten erledigt. Ich treffe José mit seinem Nissan – der erste afrikanische Überlandreisende, dem ich begegne. Er ist Kongolese aus der Demokratischen Republik Kongo, Künstler, in Frankreich aufgewachsen. Lasse den Reifen reparieren. Tanke voll. Kaufe Brot, Wasser und Toilettenpapier. Schlechte Straße. Nach 50 Kilometern die Grenze. Man verlangt 50 000 CFA-Francs von mir. Ich bezahle nicht. Fahre weiter zum kongolesischen Grenzposten. Man verlangt 50 000 CFA-Francs von mir. Ich bezahle nicht. Ausführliche Kontrolle und komplette Durchsuchung des Autos durch gabunisches Militär und kongolesische Polizei. Ich „spende" eine Rolle Toilettenpapier. Kontrolle und Einreiseformalitäten bei Grenzpolizei, Gendarmerie und Zoll. Man verlangt Geld von mir. Ich bezahle nicht. Sehr unangenehme Beamte, sie drängen, drohen und brüllen. Ich soll zwei der Soldaten bis zum nächsten Dorf mitnehmen. Das ist ein Befehl. Ich lehne vehement ab. Treffe José wieder. Er steckt an der Grenze fest, hat kein Visum und wird ausgenommen wie eine Weihnachtsgans. Er ist nass geschwitzt, als hätte ihm jemand einen Eimer Wasser über den Kopf geschüttet. Er ist völlig überfordert. Ich helfe ihm, so gut ich kann. Stundenlanges Diskutieren und Herumstehen. Er muss 100 US-Dollar zahlen, der Idiot. Unvorbereitet, naiv, hilflos. Viel französisches Blabla, aber nichts drauf.

Endlich Weiterfahrt auf sehr schlechter Piste. Nach zehn Kilometern dasselbe Spiel: Polizeikontrolle. Umsonst für mich, 15 000 CFA-Francs für José, die Weihnachtsgans. Endlich weiter. Schlamm! José fährt sich fest. Es wird langsam dunkel. Nyanga ist noch knapp 30 Kilometer entfernt. Ziehe Josés Nissan mit einem Bergegurt aus dem Schlamm. Weiter durch die dunkle Nacht, und das im Kongo! Keine gute Idee. Der Weg wird besser. Wir fahren, so schnell wir können. Zu schnell für José, eigentlich. Dann endlich, endlich – Nyanga, ein kleines Dorf. Wir fragen nach der Mission. Es ist stockdunkel. Kein elektrischer Strom. Auch kein Wasser. Gar nichts. Eine handgroße Spinne auf der Toilette, die größte, die ich je gesehen habe. Der Pastor kündigt stolz das morgige Läuten der Kirchenglocke für 5.30 Uhr an! Wir campen in den Autos zehn Meter von der Glocke entfernt, direkt vor der Kirche. Ich bin völlig erledigt. Verfluchtes, wildes Afrika.

DER „BUS" BEI LOUBOHO

Prayer.

Our Father in heaven, hallowed be your name,
your kingdom come, your will be done on earth
as it is in heaven.
Give us today our daily bread.
Forgive us our debts, as we also have
forgiven our debtors.
And lead us not into temptation, but deliver
us from the evil one, for yours is the kingdom
and the power and the glory for ever. Amen.
O Lord be my rock of refuge.
Trust in the Lord for ever, for the Lord,
the Lord, is the Rock eternal.
The Lord Jesus Christ said, My grace is
sufficient for you, for my power is made
perfect in weakness.
Jesus Christ is the same yesterday and
today and for ever.
I am convinced that neither death nor life,
neither angels nor demons, neither the present
nor the future, nor any powers, neither height
nor depth, nor anything else in all creation,
will be able to separate us from the love of
God that is in Christ Jesus our Lord.

PETER OTIM

BRAZZAVILLE, REPUBLIK KONGO 1. JANUAR [24 935 KM]

Ich verbringe Silvester mit meinem neuen Freund Peter. Ich habe ihn in der katholischen Mission kennengelernt, in deren Innenhof ich campe. In einem kleinen Restaurant gehen wir essen. Ich lade Peter ein, und zur Feier des Tages gibt es Steak und Pommes frites.

Peter Otim ist Lehrer. Er kommt aus Uganda und spricht ein sehr gepflegtes britisches Englisch. Sein Akzent erinnert mich an den von Kofi Annan. Wir sind beide froh, im frankophonen Kongo jemanden gefunden zu haben, der Englisch spricht. Nach und nach erzählt Peter mir seine Lebensgeschichte.

Während der Gewaltherrschaft Idi Amins in seiner Heimat Uganda flieht Peter in den 1970er Jahren nach Khartoum im Sudan. Als dort der Bürgerkrieg mit dem Südsudan ausbricht und es in Khartoum wiederholt zu Putschversuchen kommt, reist er nach Kinshasa im damaligen Zaire und arbeitet dort als Lehrer an der amerikanischen Highschool. Er führt ein komfortables Leben und gründet eine Familie. 1998 bricht der Zweite Kongokrieg aus. Präsident Laurent-Désiré Kabilas Armeeeinheiten, die von Truppen aus Angola und Simbabwe unterstützt werden, kämpfen gegen Rebellen im Osten des Landes, die von Uganda,

Ruanda und dem Sudan unterstützt werden. Plötzlich befindet sich Peter als Ugander auf der falschen Seite. Er wird von Kabilas Leuten verhaftet und grausam gefoltert. Er fürchtet, als Spion des Feindes exekutiert zu werden, als ihn völlig unerwartet Vertreter des Roten Kreuzes retten und mit einem Boot von Kinshasa über den Kongo nach Brazzaville bringen. Seine Frau und seine sieben Kinder bleiben zurück. Kurz nach seiner Ankunft flammt der Bürgerkrieg in der Republik Kongo erneut auf. Große Teile Brazzavilles werden zerstört. Es ist, als würde der Krieg Peter Otim wie ein Fluch verfolgen, wohin er auch geht.

Seit acht Jahren lebt Peter in einer fensterlosen Garage hinter der katholischen Mission und wartet. Er ist Kriegsflüchtling und Ausländer und bekommt in der Republik Kongo keine Arbeitserlaubnis. Er hat keinen Pass. Er hat kein Geld. Er ist gefangen. Seine Familie befindet sich nur wenige Kilometer entfernt in der Demokratischen Republik Kongo, auf der anderen Seite des Flusses, doch ihnen wird die Ausreise verweigert. Sein einziger nennenswerter Besitz ist ein winziges, batteriebetriebenes Radio. Jeden Abend hört er den BBC World Service in seinem geliebten britischen Englisch.

Doch sein größter Schatz ist eine dunkelblaue Krawatte. Vorsichtig nimmt er sie aus einer Schachtel und zeigt sie mir. Er habe sie an dem Tag getragen, als er an der Makerere-Universität in Kampala seinen Universitätsabschluss machte. Seine Frau hat sie ihm vor einigen Jahren geschickt, damit er sie tragen kann, wenn er bei den ausländischen Botschaften der Stadt Asyl beantragt. Die Krawatte hat ihm anscheinend Glück gebracht, denn Schweden hat ihm auf Vermittlung der UN und nach jahrelangem bürokratischem Hin und Her gerade Asyl gewährt, und er soll in wenigen Wochen seine Familie wiedersehen und nach Schweden ausreisen dürfen.

Ich erlebe einen würdevollen, gebildeten Mann, der trotz unfassbarer Rückschläge nie den Mut und die Hoffnung verloren hat. Peter ist ein wahrer Lehrer. Ich bin sehr dankbar, dass ich ihn getroffen habe.

Persönliche Freiheit ist nichts Selbstverständliches. Ich denke über den deutschen Reisepass in meiner Hosentasche nach. Haben wir nicht geradezu die Pflicht, unsere immense Freiheit zu nutzen? Wenn wir nicht reisen, uns nicht für die Welt interessieren, obwohl wir es könnten – verhöhnen wir Menschen wie Peter Otim nicht fast?

«Happy New Year, Christoph!», ruft er und lacht laut.

Peter Otim gibt nicht auf.

«Happy New Year, Peter!»

Kinshasa
BRAZZAVILLE
POINTE-NOIRE
Matadi
C O N G O
KANANGA
Luanda
Malanje
Saurimo
A N G O L A
Luena
Lobito
Benguela
Huambo
Kuito
PARQUE NACIONAL DA CAMEIA
Menongue
Cuito Cuanavale
Lubango
Namibe
Ondjiva

5 DIE REISE GEHT WEITER!

DR KONGO

Mit fingerdicken Elektrokabeln prügeln die Männer ohne Unterlass auf die dicht gedrängt stehenden Menschen ein. Sie sind Ordner, und ihre Aufgabe ist es, die Masse der Reisenden, der fliegenden Händler, Bettler und Lastenträger im Zaum zu halten, die sich von der Kongofähre in Kinshasa ans Ufer quält. Willkommen in der Demokratischen Republik Kongo, einem Land, das die Vorstellungskraft in jeder Hinsicht sprengt. Seit der Kolonialzeit ist die Geschichte dieses Landes von Krieg, Gewaltherrschaft, ausländischer Einmischung und der rücksichtslosen Ausbeutung der beträchtlichen Rohstoffe geprägt. Laut UN ist es heute das ärmste Land der Welt. Die Demokratische Republik Kongo hat 70 Millionen Einwohner und ist 77-mal so groß wie Belgien, dessen König Leopold II. das Gebiet von 1885 bis 1908 als seinen Privatbesitz betrachtete. Während dieser Zeit kam es zu unfassbaren Gräueltaten an der Zivilbevölkerung. Man schätzt, dass zehn Millionen Kongolesen dabei den Tod fanden, etwa die Hälfte der damaligen Bevölkerung.

Nach der Unabhängigkeit von Belgien kam es zu politischen Unruhen. 1965 putschte sich Joseph-Désiré Mobutu an die Macht und regierte das Land in einer der längsten und korruptesten Diktaturen Afrikas. Ab 1970 nannte er das Land in Zaire um und änderte seinen eigenen Namen in *Mobutu Sese Seko Kuku Ngbendu wa za Banga*, was übersetzt etwa heißt: „Mobutu auf alle Zeit, der mächtige Hahn, der keine Henne unbestiegen lässt“. 1997 wurde Mobutu von Rebellenführer Laurent-Désiré Kabila gestürzt. Auf den Machtwechsel folgte ein blutiger Bürgerkrieg, der wegen der Verwicklung zahlreicher afrikanischer Staaten „Afrikanischer Weltkrieg“ genannt wird. In der Provinz Nord-Kivu, im rohstoffreichen Osten des Landes, kam es von 2006 bis 2009 zu einem weiteren Bürgerkrieg. Schätzungsweise 5,4 Millionen Menschen kamen in den drei Kongokriegen seit 1997 ums Leben. Amerikanischen Wissenschaftlern zufolge wurden im Kongo zeitweise bis zu 400 000 Frauen pro Jahr vergewaltigt.

ANGOLA

Es gibt keinen Diesel. Viele Stunden verbringe ich in Warteschlangen vor den Tankstellen der staatlichen Ölfirma Sonangol. Und das, obwohl das Land der zweitgrößte Erdölproduzent Afrikas ist. Ich besuche ein weiteres Land, das sich von einem Jahrzehnte dauernden Bürgerkrieg erholt. Doch im Gegensatz zu vielen anderen afrikanischen Staaten geschieht der Wiederaufbau in Angola in rasantem Tempo. Das Wirtschaftswachstum ist momentan das größte in Afrika. Die Hauptstadt Luanda gehört zu den teuersten Städten der Welt. Erst 1975 erlangte Angola die Unabhängigkeit vom Kolonialherrn Portugal, obwohl Rebellengruppen schon seit 1961 einen bewaffneten Befreiungskampf führten. Eine dieser Gruppen, die MPLA, übernahm die Macht und etablierte mit Unterstützung der Sowjetunion einen sozialistischen Einparteienstaat. Rebellen der UNITA, einer weiteren Befreiungsbewegung, kämpften mit Unterstützung der USA und Südafrikas bis zum Tod ihres Anführers Jonas Savimbi im Jahr 2002 gegen die Regierung.

DER KONGO BEI MATADI

KINSHASA, DEMOKRATISCHE REPUBLIK KONGO 5. JANUAR [24 415 KM]

Mit einer alten, verrosteten Fähre, die eigentlich aus drei identischen, seitlich aneinandergeketteten Schiffen besteht, reise ich von Brazzaville nach Kinshasa. Da es nur zwei Plätze für Fahrzeuge an Bord gibt, bricht im Hafen von Brazzaville ein Riesenstreit aus, da es viel mehr Autos als Plätze gibt. Ich komme zuallererst am Pier an und gehe dennoch bei der ersten Runde leer aus. Es entsteht ein großes Gedränge und Geschiebe, als die Fähre endlich ankommt, und die korrupten Polizisten tricksen mich aus. Anscheinend hatten die anderen Fahrer mehr bezahlt als ich. Beim zweiten Anlauf, als die Fähre nach drei Stunden endlich wieder am Kai festmacht, bin ich vorbereitet. Mit Vollgas fahre ich unaufhaltsam auf die Fähre. Alleine vom persönlichen Fahrzeug des Bürgermeisters von Brazzaville, einem glänzenden neuen Mercedes G, werde ich ausgebremst. Der Fahrer hinter mir wird fast wahnsinnig vor Wut, weil er es nicht auf die Fähre schafft. In Rage springt er auf dem Hafenkai auf und ab und beschimpft die Polizisten und Angestellten der Fährgesellschaft. Grinsend sitze ich im Auto. Es ist schrecklich heiß. Ich muss die Fenster geschlossen halten. Auf dem Schiff sind betrunkene junge Männer, die mich anpöbeln und lautstark Geld von mir verlangen, so dass ich mich nicht traue, die Fenster zu öffnen. Die Stimmung ist gereizt. Einige Male kommt es unter den jungen Männern zu rau ausgetragenen Schlägereien. Wie in einem Käfig sitze ich in meinem Land Rover, der quer auf dem Boot geparkt ist. Ich würde gerne Fotos machen. Doch der Kongo ist hier Staatsgrenze, und Grenzgebiete in Afrika sollte man auf keinen Fall fotografieren, wenn man nicht im Gefängnis landen oder seine Kamera konfisziert haben möchte.

Die Überfahrt dauert fast eine Stunde, da die drei Boote sehr langsam fahren. Nur das mittlere scheint überhaupt eine funktionierende Maschine zu besitzen. Als wir endlich in Kinshasa ankommen, springen alle Leute gleichzeitig vom Schiff und werden von prügelnden Ordnern in Empfang genommen. Waren werden hektisch be- und entladen. Zugleich kommen neue Passagiere an Bord und werfen Gepäckstücke auf das Deck. Chaos, Geschrei und Handgemenge. Erst als sich die Lage ein wenig beruhigt, kann ich über die steile Stahlrampe auf die Hafenmauer fahren und bin heilfroh, als ich eine Stunde später den Hafen verlassen kann.

Ich muss dieses Visum bekommen. Ich bin in Matadi, einer kongolesischen Stadt an der angolanischen Grenze. Hier gibt es ein angolanisches Konsulat, ein kleines gelbes Einfamilienhaus mit Wellblechdach am Rand der Stadt. Dieses Konsulat ist aus irgendeinem unerfindlichen Grund die einzige angolanische Landesvertretung in ganz Afrika, die Touristenvisa ausstellt. So lautet zumindest das Gerücht. Ich hatte tatsächlich erfolglos versucht, bei den angolanischen Botschaften in Kamerun und Kongo ein Visum zu bekommen. Von anderen Reisenden hörte ich, dass es in Matadi Visa geben könnte, wobei konsularische Vorgänge sich in Afrika ständig ändern. Man hat ein Visum erst sicher, wenn es tatsächlich in den Pass gestempelt ist.

Ich gehe ein großes Risiko ein. Wenn ich hier in Matadi kein Visum bekomme, ist meine Reise zu Ende. Angola lässt sich nicht umfahren, da es im Kongo praktisch keine Straßen gibt. Das Auto von hier sicher nach Namibia zu verschiffen ist unmöglich. Das Einzige, was mir übrig bliebe, wäre umzukehren und nach Hause zu fahren – den ganzen Weg zurück.

Ich beantrage ein Visum und frage, ob ich es wirklich bekommen werde. *«Peut-être que oui»*, vielleicht ja, sagt der ältere Mann im angolanischen Konsulat. Er ist der einzige Mitarbeiter, vielleicht handelt es sich sogar um den Konsul persönlich.

Ich vertreibe mir die Zeit in Matadi mit der Suche nach einer Lichtmaschine für den uralten Nissan Patrol meiner neuen holländischen Reisebegleiter. Mathijs und Ab reisen ebenfalls durch Afrika, und wir haben uns hier in Matadi verabredet, um gemeinsam durch Angola zu fahren. Mit zwei Fahrzeugen ist es sicherer. Die beiden sollten in den nächsten Tagen eintreffen, aber ihre Lichtmaschine ist kaputt. Ich frage in einem der Läden, in denen gebrauchte Autoteile verkauft werden. Plötzlich sieht es so aus, als wäre die gesamte Stadt auf der Suche nach einer passenden Lichtmaschine. Ein junger Mann setzt sich auf den Beifahrersitz, und wir fahren kreuz und quer durch Matadi. Ich erlebe eine Hilfsbereitschaft, eine positive Energie und einen Unternehmergeist, dem ich in Afrika selten so begegnet bin. Und obwohl wir am Ende keinen Ersatz für die ungewöhnliche, auf 24-Volt-Basis arbeitende Lichtmaschine auftreiben können, finde ich auf diese Weise einen selbstbewussten jungen Mann, der mit geübten Handgriffen und lediglich einer Zange und einem Schraubenzieher die defekte Lichtmaschine auseinanderbaut und fachmännisch repariert.

Ich bekomme ein Transitvisum! Es ist nur für fünf Tage gültig, und es ist völlig unmöglich, Angola in fünf Tagen zu durchqueren. Das Land ist zu groß, und die Straßen sollen zu schlecht sein, doch darüber kann ich mir später noch Sorgen machen. Jetzt bin ich einfach nur erleichtert. Die Reise geht weiter!

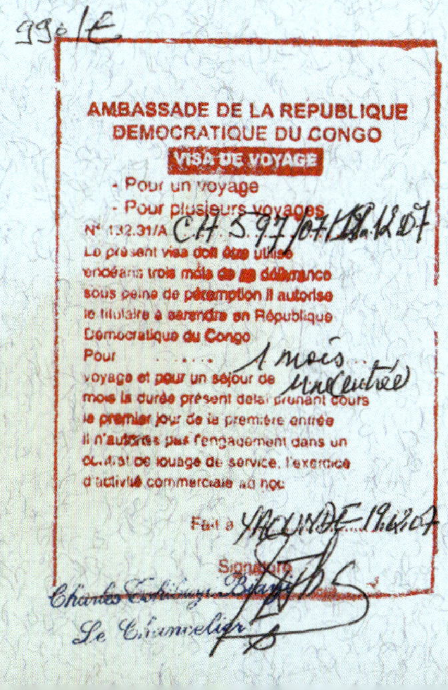

IM BÜRGERKRIEG BESCHÄDIGTE GEBÄUDE

MIT AB UND MATHIJS DURCH ANGOLA

SÜDLICH VON LUBANGO, ANGOLA 19. JANUAR [26600 KM]

Seit einer Woche bin ich mit Mathijs und Ab unterwegs. Wir verstehen uns sehr gut. Mit unseren beiden Fahrzeugen campen wir meistens in Kiesgruben. Diese sind Überbleibsel des Straßenbaus der letzten Jahre und wurden von chinesischen oder südafrikanischen Bautrupps direkt neben den Straßen angelegt. Sie haben den Vorteil, dass sie meist nicht direkt von der Straße aus eingesehen werden können und frei von Landminen sind. Wir nehmen die Minengefahr sehr ernst und entfernen uns nie von den Straßen und Wegen. Sogar wenn wir die Buschtoilette benutzen, gehen wir nicht weit und versuchen, stets in die Hufstapfen von Eseln oder Kühen zu treten. Angola gehört noch immer zu den Ländern mit der größten Landminendichte weltweit. Schätzungen gehen von mindestens einer Million Landminen aus. Fast die Hälfte des Staatsgebiets ist kaum bewohnbar. Stundenlang fahren wir durch menschenleere Gebiete und besuchen verarmte Dörfer, wo jedes zweite Haus eine unbewohnte Ruine ist.

Angolas Straßen sind extrem. Entweder man fährt im Schritttempo auf steinigen, unfassbar schlechten Rumpelpfaden, die einem Geländewagen alles abverlangen, oder man gleitet auf perfekten, nagelneuen Teerstraßen dahin. Außer in Kiesgruben campen meine beiden holländischen Freunde und ich oft wild am Strand, einmal auf dem Parkplatz des Clube Náutico da Ilha de Luanda, des exklusiven Yachtclubs von Luanda. Hotels sind extrem teuer in Angola, und so bin ich froh, dass wir mit zwei Autos unterwegs sind und häufig wild campen können, ohne ein allzu großes Sicherheitsrisiko eingehen zu müssen.

Obwohl die Verständigung außerordentlich schwierig ist, da wir alle drei kein Portugiesisch sprechen, merken wir sofort, dass die Angolaner, die wir treffen, nicht nur herzlich und höflich sind, sondern auch große Hoffnung für die Zukunft haben. Angola ist für mich trotz der vielen Probleme, die es noch zu bewältigen gibt, eine positive Überraschung.

WIR ÜBERNACHTEN IN EINER KIESGRUBE – NICHT ROMANTISCH, ABER MINENSICHER.

DER ATLANTIK SÜDLICH VON LUANDA →

Opuwo
Tsumeb
Twyfelfontein
Swakopmund
Windhuk
Sossusvlei
Fish River Canyon
N A M I B I A
ETOSHA NAT PARK
O V A M B O L A N D
K A V A N G O L A N D
H E R E R O L A N D
Walvis Bay
Lüderitz
Karasburg
Keetmanshoop
Grootfontein
Gobabis
Rehoboth
Okahandja
Otjiwarongo
Outjo
Rundu
Upington

6 WIENER SCHNITZEL IN DER WÜSTE

NAMIBIA

Nach meiner entbehrungsreichen Reise durch Gabun, die beiden Kongos und Angola erlitt ich im Norden Namibias geradezu einen Kulturschock. Plötzlich stand ich in den langen Gängen eines riesigen Supermarkts und war beim Anblick der gefüllten Regale völlig überfordert. Ich wusste einfach nicht, was ich kaufen sollte.

In Namibia fährt man über Teerstraßen, kein Schlagloch weit und breit. In den Gästehäusern und Hotels kann man stets heiß duschen, das Wasser sogar direkt aus der Leitung trinken, die Toiletten sind grundsätzlich sauber, und es gibt zu jeder Tages- und Nachtzeit elektrischen Strom. Eigenartig, dass man weniger entsetzt ist, wenn diese für uns Europäer selbstverständlichen Annehmlichkeiten während einer Afrikareise langsam immer weniger werden. Der Schock setzt erst dann ein, wenn alle diese Dinge plötzlich wieder auftauchen.

Namibia war zeitweise eine deutsche Kolonie. 1884 wurde es zum „Schutzgebiet Deutsch-Südwestafrika“ erklärt. 1904 kam es zu jenem Kolonialkrieg, der als „Aufstand der Herero und Nama“ bekannt ist. Etwa 15 000 Soldaten, die sogenannte Schutztruppe unter Generalleutnant Lothar von Trotha, schlugen den Aufstand der afrikanischen Einheimischen nieder, die vor allem aus den Volksgruppen der Herero und Nama stammten. Der größte Teil der Herero versuchte daraufhin, durch die Omaheke, einen beinahe wasserlosen Wüstenausläufer der Kalahari, nach Betschuanaland zu fliehen. Von Trotha ließ ihnen den Weg abschneiden und die Flüchtlinge von den wenigen Wasserstellen verjagen. Tausende Herero verdursteten mit ihren Familien, ihre Rinderherden verendeten. Im Anschluss an die Kämpfe wurden die Herero und Nama in Konzentrationslagern interniert, in denen annähernd jeder zweite Insasse starb. Das brutale Vorgehen von Trothas gilt unter Historikern als der erste Völkermord des 20. Jahrhunderts.

Noch heute sind die Spuren der deutschen Kolonialzeit in Namibia allgegenwärtig. So entdeckten wir Straßen mit Namen wie Kaiser- oder Bismarckstraße. Etwa 20 000 Namibier sprechen ein für uns etwas altmodisch klingendes Deutsch als Muttersprache. In der Hauptstadt Windhuk feiert man Karneval mit Kappensitzung, und das Oktoberfest findet auf einer namibischen „Wiesn“ statt. In Antiquitäten- und Souvenirläden fanden wir häufig historische Postkarten. Wenn man die Bilder auf den Karten betrachtet, weiß man nicht so recht, ob man lachen oder weinen soll: Sie stammen aus einer Zeit, in der offener Rassismus und grenzenlose Ignoranz gegenüber Afrikanern gang und gäbe waren. Gleichzeitig wirken die Bilder auf den Postkarten heute naiv. Der eigenartige Stolz und die Heimattümelei der Besatzer erscheinen uns befremdlich, bisweilen lächerlich.

Chiho, die mich von nun an auf der restlichen Reise begleiten sollte, hatte eine Idee. Ab jetzt würden wir jeden Tag eine Postkarte nach Daun in Deutschland und eine nach Mishima in Japan schicken – zum Dank an unsere Mütter, die uns beiden, angesichts unserer eher ungewöhnlichen Lebensführung, stets großes Verständnis und viel Geduld entgegenbrachten.

TSUMEB, NAMIBIA 25. JANUAR [27 294 KM]

Ich esse das erste Wiener Schnitzel seit langer, langer Zeit. Ich bin in einem kleinen Stück Deutschland eingetroffen. Die Kleinstadt Tsumeb liegt im Norden Namibias, und sie erinnert mich an meinen Heimatort Daun in der Eifel. Ich bin zu einem großen Anhänger von Kleinstädten geworden. Die Wege sind kurz, und man kann viele Dinge in kürzester Zeit erledigen. Die Leute kennen sich, und jeder weiß, wo man alle nur erdenklichen Sachen besorgen kann. Deshalb habe ich Tsumeb für einen Zwischenstopp gewählt und repariere hier meinen arg lädierten Land Rover. Ich finde ein hervorragend sortiertes und von einer deutschstämmigen Familie geführtes Autoersatzteil- und Eisenwarengeschäft, in das ich fast täglich pilgere. Dort werde ich freundlich und auf Deutsch begrüßt, als ob ich schon immer in Tsumeb leben würde. An meinem Fahrzeug tausche ich die Wasserpumpe und erneuere alle Achsgummis und Lenkungsköpfe sowie den Keilriemen. Die Kardanwellengelenke müssen gefettet werden, und ich wechsle Motor-, Getriebe- und Achsöl, Ölfilter und Dieselfilter. Ein Reifen muss geflickt und einige Reifenschläuche müssen ersetzt werden. Auch alle vier Radlager tausche ich vorsichtshalber. Im Motorsport nennt man eine solche Prozedur einen „großen Service". Der ist auf der Reise etwa alle 20 000 Kilometer nötig. Jeden Morgen ziehe ich meinen Blaumann an und verschwinde unter dem Auto, das auf dem Hof des kleinen Gästehauses mit dem schönen Namen Mousebird parkt. Erst spätabends komme ich ölverschmiert und erschöpft wieder darunter hervor. Ich verliere mich völlig in der Arbeit, vergesse die Zeit und alles um mich herum. Ich muss über mich selbst lachen, wenn ich heute Abend schreibe: Ich bin sehr glücklich.

STEPPENZEBRAS IM ETOSHA-NATIONALPARK

EINE GIRAFFE IST SO LANGE NICHTS BESONDERES, BIS MAN GENAU VOR IHR STEHT.

NAMUTONI, ETOSHA-NATIONALPARK, NAMIBIA 28. FEBRUAR [28586 KM]

Der Etosha-Nationalpark beeindruckt uns sehr. Chiho und ich sehen Elefanten, Giraffen, Kudus, Oryxantilopen, Gnus, Springböcke, Strauße und unzählige Zebras. Während der Regenzeit sind die scheuen Tiere nicht leicht aufzuspüren. Anders als in der Trockenzeit, finden sie nicht nur an wenigen Wasserlöchern, sondern überall zu trinken und verteilen sich im ganzen Nationalpark.

Tagsüber ist es heiß, und am Himmel türmen sich gigantische Wolken auf, die nachts starken Regen bringen. Morgens sind wir immer schon um 6 Uhr auf den Beinen und fahren im Park umher, um Tiere zu beobachten und die unglaublich weite Landschaft zu fotografieren.

Wie die meisten Menschen in Europa hatten wir uns Afrika insgeheim immer so vorgestellt. Und obwohl wir natürlich wissen, dass dieses Bilderbuch-Afrika mit seinen wilden Tieren nur noch in ganz wenigen Teilen des Kontinents und fast ausschließlich in staatlichen Nationalparks existiert, zählt unser Besuch im Etosha-Nationalpark zu den besonderen Erlebnissen unserer Reise.

ROSTOCK RITZ – AM ENDE DIESER STRASSE LIEGT EINE LUXUSLODGE, DIE IHREN GÄSTEN EIN „JENSEITS VON AFRIKA"-GEFÜHL VERSPRICHT.

TWYFELFONTAIN, NAMIBIA 3. MÄRZ [30 119 KM]

Wir treffen in Namibia unzählige Reisende, die meisten sind Deutsche. Ich muss gestehen, dass mir nach den vielen Monaten des harten und abenteuerlichen Überlandreisens in West- und Zentralafrika die vielen Touristen ziemlich auf die Nerven gehen. Ich kann gar nicht genau sagen, was mich an diesen Leuten so stört. Ich ertappe mich dabei, wie ich mich über die anderen Besucher mit ihren komischen Sonnenhüten, Khakihemden, kurzen Hosen und weißen Beinen lustig mache. Ich lache über die dicken Brillen, die Bierbäuche, den tiefroten Sonnenbrand und die blondierten Haare. Dabei machen sie eigentlich nichts anderes als ich. Sie besuchen ein fremdes Land und schauen sich alles mit eigenen Augen an. Vielleicht ist ihre „Leistung" sogar viel größer als meine. Ich bin jung, weit gereist, spreche verschiedene Sprachen. Die meisten Pauschalurlauber sind eher älter, haben oft nur begrenzte Sprachkenntnisse. Und dennoch haben sie sich zu einer Reise nach Afrika entschlossen, trotz der vielen Vorurteile, die nach wie vor kursieren. Ich sollte diesen Reisenden mehr Respekt zollen.

EIN DENKMAL IN SWAKOPMUND ZU EHREN DER SOLDATEN DES DEUTSCHEN 1. MARINE-EXPEDITIONSKORPS, DIE WÄHREND DES HERERO-AUFSTANDS GEFALLEN SIND.

SWAKOPMUND, NAMIBIA 4. MÄRZ [30 480 KM]

Von den einheimischen Namibiern hören wir immer wieder Horrorgeschichten über Einbrüche und bewaffnete Überfälle. Die meisten Privathäuser sind mit hohen Mauern und Elektrozäunen gesichert. Selbst die Weideflächen der riesigen Farmen sind, anders als in vielen Nachbarländern, wo das Land kollektiv genutzt wird, mit kilometerlangen Zäunen umgeben. In den Außenbezirken jedes größeren Ortes gibt es *shanty towns,* in denen Menschen in großer Armut leben. Der tiefe Graben zwischen den gesellschaftlichen Gruppierungen verläuft nicht mehr wie früher zwischen Schwarzen und Weißen, sondern zwischen denen, die etwas besitzen, und jenen, die gar nichts haben.

Oft frage ich mich, wie es wohl wäre, in einem Land wie Namibia zu leben. Die Weite, die Freiheit und das einfache Leben würden mich sehr reizen. Ich weiß aber nicht, ob ich die alltägliche soziale Ungerechtigkeit auf Dauer ertragen könnte.

Sanddünen in D.-S.-W.-Afrika

Kaisers Geburtstag in Swakopmund
Feldgottesdienst am Flaggenmast

(10) Swakopmund, Namibia
4. 3. 2008
Liebe Mama,
wir sind in 'Deutschland' und
NAMIBIA
POSTKARTE
POST CARD
BY AIR MAIL
PAR AVION
postcard rate
FRAU
MARGOT BANGERT
BERGSTR. 2
54550 DAUN
GERMANY
Christuskirche
Duitse Evangeliese Lutherse Kerk
German Evangelical Lutheran Church
Windhoek, S.W.A.
ABC PRESS, C.T.

Buschleute
Deutsch-Süd-West-Afrika

Maschinen-Gewehr mit Bedienung D.-S-W.-Afrika

AUF UNSERER TÄGLICHEN SUCHE NACH POSTKARTEN FINDEN WIR BEI PETER'S ANTIQUES IN SWAKOPMUND EXEMPLARE AUS DER DEUTSCHEN KOLONIALZEIT.

SWAKOPMUND, NAMIBIA 5. MÄRZ [30 483 KM]

Auf allen meinen Reisen habe ich es als eine gewisse Herausforderung empfunden, Deutscher zu sein. Im Gazastreifen wurde ich einmal von einem kleinen Jungen verfolgt, der immerzu aus Leibeskräften rief: «Heil Hitler! Heil Hitler! ...»

In vielen Ländern des Nahen Ostens ist Adolf Hitler nach wie vor eine von Teilen der Bevölkerung bewunderte historische Figur, was wahrscheinlich auf Desinformation und den weitverbreiteten Hass auf Israel zurückgeht.

Bisher hatte ich aber noch nie das Gefühl, als Deutscher in einem Land nicht willkommen zu sein, im Gegenteil. Die Deutschen werden meiner Erfahrung nach wenn auch nicht immer geliebt, doch respektiert, selbst wenn wir das manchmal nur dem deutschen Fußball oder dem deutschen Bier verdanken.

Ich finde es dennoch nicht leicht, Deutscher zu sein. Spuren der dunklen Seite der deutschen Geschichte gibt es ausreichend, auch in Namibia. Ich empfinde keine persönliche Schuld. Aber ich fühle mich verpflichtet, über diese Geschehnisse informiert zu sein und mich mit ihnen zu beschäftigen. Ein Teil meiner Motivation, als Fotojournalist in Kriegsgebieten zu arbeiten, ist bestimmt auch ein Resultat meiner persönlichen Auseinandersetzung mit der deutschen Geschichte.

SWAKOPMUND, NAMIBIA 6. MÄRZ [30 483 KM]

In den letzten zwei Tagen habe ich über 100 E-Mails geschrieben. Die digitale Technik ist ein Fluch. Ich verbringe viel zu viel Zeit damit, auf meinen Computer zu starren. Doch ich habe keine Wahl. Ich leite eine kleine Firma von meinem Land Rover aus. Wann immer ich in einem größeren Ort eintreffe, gehe ich in eines der zahlreichen Internetcafés und verbinde meinen Laptop mit einem Ethernetkabel, manchmal sogar mithilfe einer WLAN-Verbindung mit dem örtlichen Netzwerk. Leider hängen an einer einzigen Modemverbindung Dutzende von Computern, so dass die Verbindung unfassbar langsam ist und regelmäßig aussetzt. Es dauert oft zehn Minuten oder länger, bis eine einzige Seite auf dem Bildschirm auftaucht. Man sollte ein Buch oder eine Zeitschrift dabeihaben, um die langen Wartezeiten zu überbrücken. Eine nervenzerreißende Prozedur.

Ungefähr einmal im Monat verschicke ich einen längeren Reisebericht. Diesen versende ich an einige Hundert Freunde, Kollegen und Kunden. Ich erhalte daraufhin immer eine große Anzahl E-Mails mit Fragen, Anregungen und Kommentaren, die ich wiederum zu beantworten versuche. So entsteht ein ständiger Kommunikationsfluss zwischen mir und meinen Lesern. Sosehr ich diesen Austausch genieße, bin ich doch froh darüber, dass ich mich zu Beginn bewusst dagegen entschieden habe, täglich einen Blog zu schreiben. Der Zeitaufwand wäre einfach zu groß. Und so schreibe ich jeden Abend in meinem kleinen, blauen Tagebuch.

EIN PLASTIKINDIANER BRINGT IMMER GLÜCK.

SWAKOPMUND, NAMIBIA 7. MÄRZ [30 483 KM]

Mich plagen ernste Probleme mit den amerikanischen Behörden. Ich hatte in den USA eine Firma gegründet und Chiho angestellt. Das Ganze war uns von unserem Anwalt als ein eleganter Trick verkauft worden, um für Chiho ein Arbeitsvisum zu erhalten. Jetzt stellt sich der „elegante Trick" allerdings als ein teurer, komplizierter und desaströser Papierkrieg heraus, der unserem Anwalt und unserem Steuerberater zwar stattliche Honorare, aber uns selbst nichts als Sorgen und Kopfzerbrechen beschert. Wegen unserer langen Abwesenheit von New York – wir sind schon seit zehn Monaten unterwegs – hatten wir zudem versäumt, eine Arbeitsunfallversicherung für Chiho abzuschließen. Wir baten unseren Steuerberater, einen Mann, den ich mittlerweile zutiefst verachte, sich um die Angelegenheit zu kümmern. Das tat er monatelang nicht, sagte uns aber immer wieder, dass es sich nur um eine unbedeutende Formsache handele und alles unter Kontrolle sei. Seine Inkompetenz und unsere Abwesenheit haben uns nun ein Bußgeld von 10 000 US-Dollar eingebracht. Wir sind im Grunde pleite. Die Reisekasse ist leer. Die Sorgen sind endlos, die Nächte schlaflos.

SESRIEN, NAMIB-NAUKLUFT-NATIONALPARK, NAMIBIA 8. MÄRZ [30 993 KM]

Wir besuchen die Wüste Namib. Noch vor Sonnenaufgang brechen wir auf und fahren zunächst auf einer Teerstraße, dann auf einer Sandpiste in den Namib-Naukluft-Nationalpark. Wir besteigen eine riesige Düne und bewundern die spektakuläre Aussicht über die einzigartige Dünenlandschaft mit dem Sossusvlei. All unsere Sorgen und Nöte sind wie weggeblasen.

Später marschieren wir zum Deadvlei, einer weiteren von hohen Sanddünen umgebenen ausgetrockneten Salz-Ton-Pfanne, in der viele abgestorbene Bäume stehen. Das Deadvlei wurde durch die Sanddünen von seiner periodischen Wasserversorgung abgeschnitten. Aufgrund des extrem trockenen Klimas in der Namib verwittern die Bäume nur langsam.

Die Bezeichnung *Vlei* kommt aus dem Afrikaans. In Südafrika und Namibia werden kleine Seen, sumpfige Tümpel, aber eben auch kleinere, ausgetrocknete Seen so bezeichnet. *Sossus* bedeutet in der Sprache der Nama „blinder Fluss". Die Bezeichnung ist sehr passend, da an dieser Stelle der Fluss Tsauchab, der nur periodisch Wasser führt, im Sossusvlei versiegt und nie das Meer erreicht.

ABGESTORBENE AKAZIENBÄUME
IM DEADVLEI. EINIGE SIND

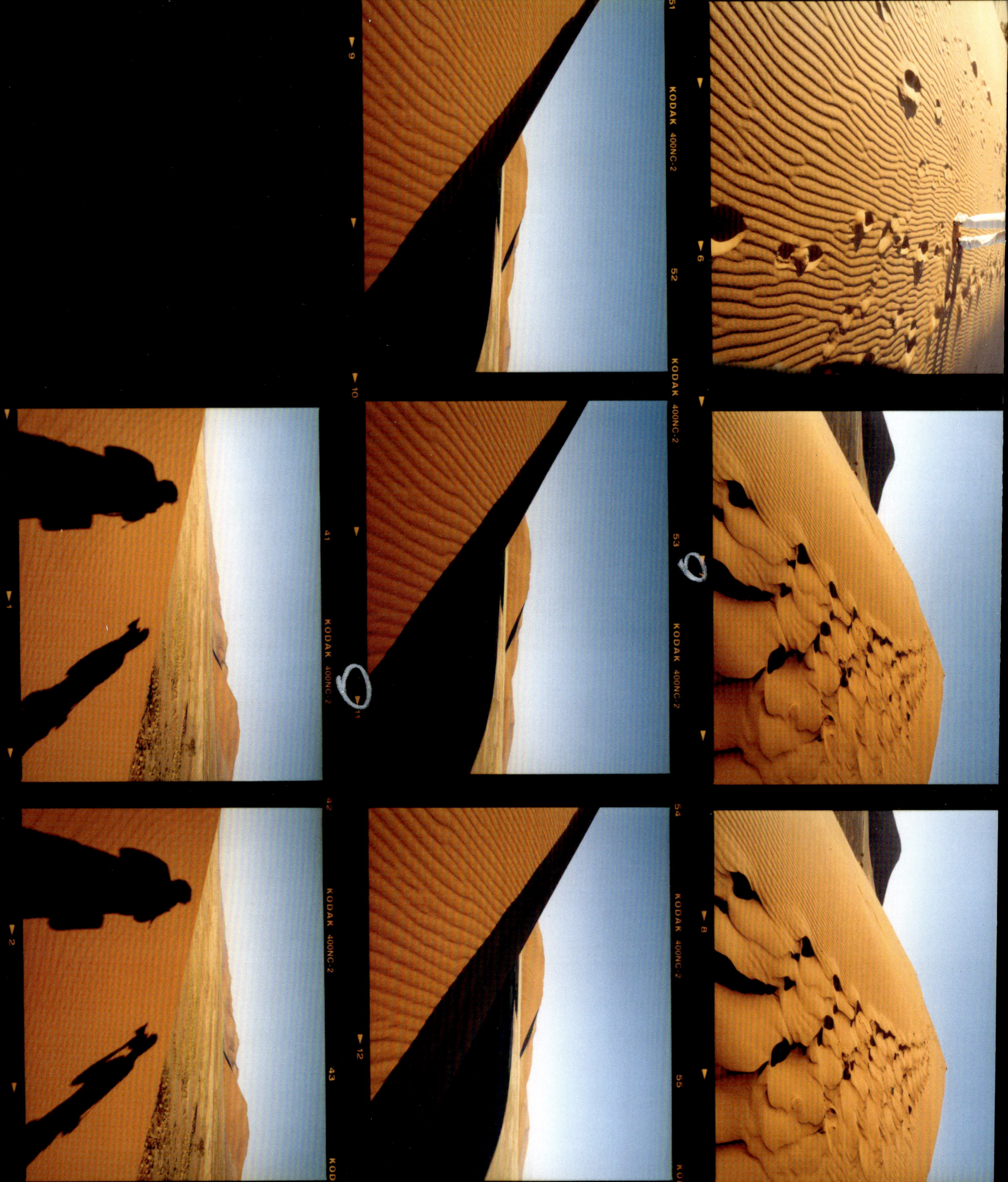
KODAK 400NC-2

KODAK 400NC-2

HOBAS, FISH RIVER CANYON, NAMIBIA 9. MÄRZ [31786 KM]

Es regnet. Dicke Tropfen prasseln auf das Zeltdach. Chiho und ich liegen in unserem neuen Dachzelt, tragen Stirnlampen und schreiben in unseren Tagebüchern. Chiho liegt beim Lesen und Schreiben immer auf dem Bauch. Sie stützt sich auf ihre Ellbogen und winkelt ihre Beine an, so dass ihre nackten Füße in die Luft zeigen. Ich liege zum Lesen und zum Schreiben immer auf dem Rücken. Eigentlich schreibe ich aber viel lieber an einem Tisch. Doch heute regnet es, und so sind wir in unser Zelt geflüchtet, anstatt wie gewohnt draußen zu arbeiten. Es ist furchtbar gemütlich hier.

Ich bin glücklich, Chiho wieder bei mir zu haben. Ich war ein wenig einsam in den letzten Wochen und fing schon an, mit meinem Land Rover zu sprechen. Die Zeit des Alleinreisens ist für mich endgültig vorbei. Manchmal frage ich mich, wie ich das auf meiner letzten langen Reise von Buenos Aires nach New York gemacht habe. Sechs Monate lang habe ich damals alleine in meinem Land Rover gelebt. Vielleicht war ich einfach nur jünger und freier.

Heute genieße ich es, meine Reiseerlebnisse zu teilen und Entscheidungen nicht immer alleine treffen zu müssen. Es gibt viele Paare, deren Beziehungen an einer langen und an Strapazen reichen Afrikareise zerbrochen sind. Der Stress, die Entbehrungen und die viele Zeit zu zweit auf engstem Raum sind ein großer Test für Freundschaften und Beziehungen. Man lernt den Partner sehr gut kennen und erlebt, wie er oder sie sich in Extremsituationen verhält. Schwächen und Stärken, die im Alltagsleben kaum auffallen, werden auf einer solchen Reise nur allzu offensichtlich.

Chiho und ich sind nach wie vor gute Reisepartner. Ich habe sogar den Eindruck, dass unsere Beziehung ausgeglichener und bedeutungsvoller wird, je länger unsere Reise andauert.

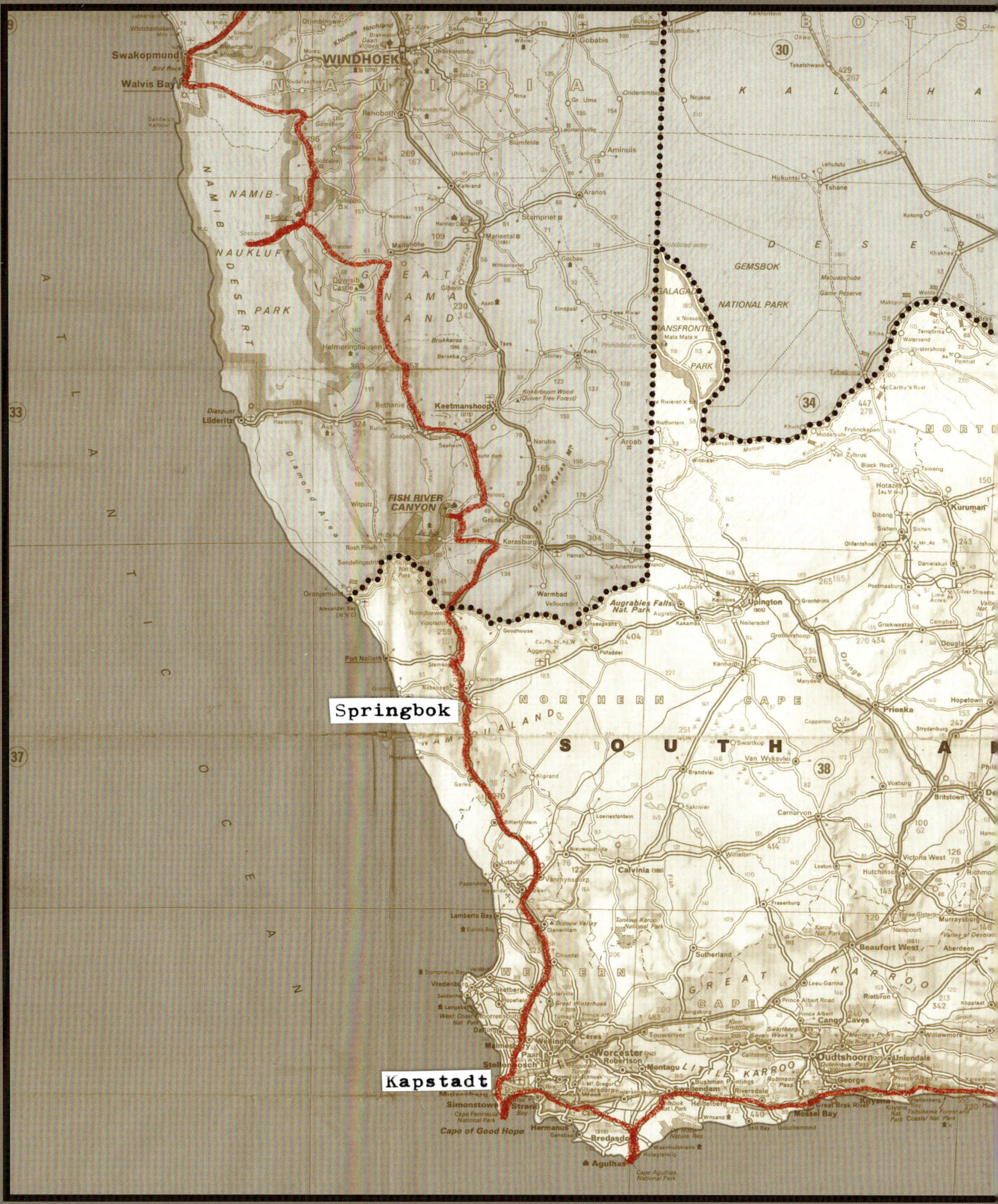

Swakopmund
Walvis Bay
WINDHOEK
NAMIBIA
Rehoboth
Gobabis
NAMIB-NAUKLUFT DESERT PARK
GREAT NAMA LAND
Mariental
Keetmanshoop
Lüderitz
Diamond Area
FISH RIVER CANYON
Karasburg
Oranjemund
ATLANTIC OCEAN
KALAHARI DESERT
GEMSBOK NATIONAL PARK
KALAGADI TRANSFRONTIER PARK
Upington
Augrabies Falls Nat. Park
Springbok
Port Nolleth
NORTHERN CAPE
SOUTH A
Kuruman
Prieska
Calvinia
Carnarvon
Victoria West
Beaufort West
Sutherland
GREAT KAROO
LITTLE KAROO
Worcester
Paarl
Stellenbosch
Kapstadt
Simonstown
Cape of Good Hope
Hermanus
Bredasdorp
Agulhas
Swellendam
Oudtshoorn
Mossel Bay
George
Knysna
30
33
34
37
38

Pretoria
Johannesburg
Durban
East London
Port Elizabeth

7 MANDELAS HAUS IN SOWETO

SÜDAFRIKA

Nach 32707 Kilometern erreichten wir am 15. März das Kap der Guten Hoffnung. Zehn Monate lang waren wir immer nur nach Süden gefahren, von nun an würde es wieder gen Norden gehen, nach Hause.

Für unseren Aufenthalt in Südafrika hatten wir die passende Lektüre dabei: Nelson Mandelas „Long Walk to Freedom". Ein Buch, das die Schrecken des Apartheidregimes und die Geschichte der Widerstandsbewegung auf beeindruckende Weise beschreibt. 1994 wurde Mandela zum ersten schwarzen Präsidenten Südafrikas gewählt. Seither erlebt das Land einen Aufschwung und ist die größte Volkswirtschaft Afrikas. 2010 war Südafrika Gastgeber der Fußballweltmeisterschaft – eines von vielen Signalen dafür, dass Südafrika in der Weltgemeinschaft angekommen und als Partner akzeptiert ist.

Trotz einiger Teilerfolge kämpft das Land aber noch immer mit schwerwiegenden sozialen Problemen. Die Lebensumstände der verschiedenen Gesellschaftsschichten sind nach wie vor sehr unterschiedlich, wobei die Grenze heute nicht mehr zwischen Schwarzen und Weißen verläuft, sondern zwischen denen, die etwas besitzen, und denen, die gar nichts haben. Während die Reichen in *gated communities* leben, hinter hohen Zäunen und von Sicherheitspersonal bewacht, wohnt die Mehrzahl der Armen unter äußerst einfachen Bedingungen in den Townships außerhalb der Stadtzentren. Neben sozialer Ungleichheit ist Aids weiterhin ein Hauptproblem. Knapp sechs Millionen Menschen, 20 Prozent der Bevölkerung, sind in Südafrika mit HIV infiziert. Die Regierung unterstützte die Bekämpfung der Epidemie lange Zeit gar nicht. So ist Thabo Mbeki, Präsident Südafrikas von 1999 bis 2008, einer der prominentesten Aids-Leugner der Welt. Schätzungen zufolge führte die Ablehnung von antiretroviralen Medikamenten durch die südafrikanische Regierung unter Mbeki zum Tod von bis zu 343000 Menschen an Aids und etwa 171000 vermeidbaren Neuinfektionen mit HIV. Als der derzeitige Präsident Jacob Zuma der Vergewaltigung beschuldigt wurde, gab er während der Gerichtsverhandlung an, dass er von der HIV-Infektion seiner Partnerin gewusst und daher nach dem Geschlechtsverkehr zum Schutz vor Ansteckung geduscht habe.

Bevor wir nach Südafrika kamen, hatten wir keine Ahnung, was mit *„car-jacking"* gemeint ist. In Johannesburg erklärte uns ein Einheimischer, in seiner Stadt könne es vorkommen, dass jemand einem beim Halt an einer roten Ampel eine Pistole an den Kopf hält und die Übergabe des Autos verlangt. Wir wünschten, er hätte uns das niemals erzählt, denn nun hatten wir bei jeder roten Ampel ein ungutes Gefühl. Gewalt und Kriminalität sind in Südafrika an der Tagesordnung, das Land hat die weltweit höchste Verbrechensrate. In der Zeitung lesen wir zwar auch von schrecklichen Gewalttaten, man sollte aber als Besucher nicht überreagieren. Es ist eine Art „Sport" unter Afrikareisenden, damit anzugeben, wer die schrecklichste Geschichte zu erzählen weiß. Wenn man aber genau nachfragt, merkt man, dass die meisten Reisenden keine Probleme hatten – wie wir.

South Africa

Posted on March 13, 2008 by Jens

Penthouse from Travelnotes on Vimeo.

KAMIESKROON, SÜDAFRIKA 10. MÄRZ [32 186 KM]

Der Nordwesten Südafrikas ist sehr trocken, steinig und karg. Wir durchqueren das Namaqualand und erleben eine unglaubliche Weite und Leere, die wir bisher nur aus der Sahara oder der Sahelzone kennen. Hier fahren wir jedoch nicht auf Sandwegen oder Schotterpisten, sondern auf einer breiten, frisch geteerten Bundesstraße. Die Infrastruktur ist in Südafrika gut ausgebaut, und wir haben sofort das Gefühl, in einem Land der sogenannten Ersten Welt zu sein.

Für unsere Freunde zu Hause drehen wir mit unserer Videokamera einen kurzen Film über das Aufbauen unseres neuen Dachzelts – ein tägliches Ritual, das nur echte Camper für normal halten. Das Spektakel zieht gelegentlich größere Mengen schaulustiger Kinder an. Heute sind wir aber alleine und können uns ganz auf unsere dokumentarischen Pflichten konzentrieren.

GESCHAFFT! WIR ERREICHEN DAS KAP DER GUTEN HOFFNUNG.

KAPSTADT, SÜDAFRIKA 11. MÄRZ [32 707 KM]

Wir erreichen Kapstadt. Für die meisten Überlandreisenden ist diese Stadt entweder Start oder Ziel ihrer Transafrikareise. Für uns bedeutet die Ankunft hier, ein großes Etappenziel erreicht zu haben. Wir sind beide gesund, der Land Rover läuft, und unsere Reiselust ist ungebrochen. Selbst unsere finanziellen Sorgen haben sich etwas gelegt. Eine längst fällige Honorarzahlung kam genau im richtigen Moment. Die Reise geht weiter, und wir sind gespannt auf Ostafrika.

Wir wohnen in einem komplett violett angestrichenen Gästehaus namens Deco Lodge. Das Gebäude ist extravagant eingerichtet, überall gibt es große Spiegel, sogar in der Dusche. Es ist das einzige preisgünstige Gästehaus Kapstadts, das über einen bewachten Stellplatz verfügt, und so fiel uns die Wahl des Quartiers leicht. Der Parkplatz ist mit Autos zugestellt und liegt hinter hohen Mauern im Garten des Hauses. Dort campen wir, wobei unser armer *Landy* von allen

BLICK VOM CAPE POINT LIGHTHOUSE AUF DEN SÜDWESTLICHSTEN PUNKT AFRIKAS

KAPSTADT MIT DEM TAFELBERG

Seiten derart zugeparkt ist, dass weniger als eine Handbreit Platz zum nächsten Auto besteht. Nicht eine Tür lässt sich öffnen. Nur die Motorhaube und damit der Zugang zum Dachzelt sind noch erreichbar, doch zuvor gilt es, ein kleines Rosenbeet zu überspringen. Die Gäste sind gemischt: Rucksacktouristen aus Europa, Überlandreisende mit Motorrad und eine Truppe südafrikanischer Bauarbeiter. Die Deco Lodge befindet sich im Stadtteil Woodstock, ein traditionell – selbst während der Apartheid – ethnisch gemischtes Arbeiterviertel, das sich von einem verarmten Stadtteil zu einem In-Viertel für junge, erfolgreiche Südafrikaner entwickelt. Wir schlendern durch Woodstocks Straßen und fühlen uns gleich wie zu Hause. Es fühlt sich genauso an wie unsere derzeitige Heimat, Brooklyn. Auch sonst entdecken wir große Parallelen zwischen Südafrika und den USA. Hier wie dort gibt es gigantische Shopping Malls und eine erstaunlich große Zahl von Fast-Food-Restaurants. Und auch die soziale Ungerechtigkeit, die kulturelle und räumliche Trennung nach ethnischer und sozialer Zugehörigkeit finden sich in beiden Ländern.

DIE VICTORIA & ALFRED WATERFRONT

ICH FOTOGRAFIERE DAS PANORAMABILD OBEN.

LAND HINTER GITTERN: GRASLAND IM STERKFONTEIN DAM NATURE RESERVE

JOHANNESBURG, SÜDAFRIKA 21. MÄRZ [35 678 KM]

Entlang der Garden Route, die ihren Namen der üppigen und artenreichen Vegetation dieser Küstenregion verdankt, fahren wir nach Osten. In der Provinz Eastern Cape besuchen wir das Umland von Mthatha, die Heimat der Xhosa. Kleine Dörfer und einzelne Rundhütten sind über das weite, hügelige Grasland verteilt. Fette Kühe und Kälber grasen auf den grünen Weiden. Während der Apartheid hieß diese Region Transkei und war eines von zehn *Homelands.* Diese Gebiete, auch *Bantustans* genannt, wurden von der weißen Minderheitsregierung eingerichtet und formell zu unabhängigen Staaten erklärt, in denen die Schwarzen wie in Reservaten leben sollten. Die *Homelands* hatten zwar eine autonome Verwaltung, blieben jedoch unter ökonomischer, administrativer und finanzieller Kontrolle Südafrikas. Erst spät erreichen wir einen Campingplatz. Dort empfängt uns ein älterer weißer Südafrikaner und erklärt uns, dass er auch einmal einen Land Rover wie diesen hatte. Mit dem Zeigefinger klopft er auf unsere Stoßstange und sagt: «*It's a great vehicle to bump into blacks! Taxis full of blacks!*» Worauf er in ein tosendes Gelächter ausbricht und gar nicht merkt, dass wir nicht lachen.

Am nächsten Tag erreichen wir Johannesburg und engagieren auf Empfehlung des Herbergsbesitzers einen jungen Mann namens Chris, der uns mit seinem kleinen silbernen Toyota die Stadt zeigt. Er fährt uns zuerst in das Zentrum und dann nach Soweto. Soweto, kurz für South Western Townships, ist ein Zusammenschluss von 30 kleineren Townships und gilt als Synonym für den Widerstand gegen das Apartheidregime. Heute ist Soweto ein Stadtteil Johannesburgs und hat 3,5 Millionen Einwohner, die hier unter verschiedensten Lebensumständen – von großen Villen, über winzige Reihenhäuser, bis hin zu armseligen Wellblechhütten – zusammenleben. Am Nachmittag bringt uns Chris zum Apartheid Museum, ein beeindruckender und nachdenklich stimmender Abschluss unseres Aufenthalts in Johannesburg.

JOHANNESBURG VON OBEN

LOUIS TRICHARDT, SÜDAFRIKA 23. MÄRZ [36 127 KM]

Ich verbrenne alle meine Visitenkarten: *Christoph Bangert – photojournalist.* Ab heute bin ich nicht mehr Fotograf, sondern Ingenieur. Wir haben uns dazu entschlossen, nach Simbabwe zu fahren. Und das, obwohl das Land in einer tiefen politischen und wirtschaftlichen Krise steckt und dort nächste Woche Präsidentschaftswahlen stattfinden werden, die mehr als umstritten sind.

Wir campen auf dem Municipal Caravan Park in Louis Trichardt, einem kleinen Ort, 90 Kilometer von der Grenze entfernt. Wir sind die einzigen Gäste. Es ist unheimlich hier, denn es gibt überhaupt kein Licht. Ich hoffe, dass wir heute Nacht nicht überfallen werden – was auf leeren, schlecht bewachten südafrikanischen Campingplätzen wohl häufiger vorkommt.

Obwohl heute Ostersonntag ist, finden wir glücklicherweise einen geöffneten Supermarkt, in dem wir uns für die nächsten zwei Wochen mit Lebensmitteln, Trinkwasser, Batterien und Toilettenpapier eindecken. Außerdem kaufen wir 180 Liter Diesel, genug, um Simbabwe durchqueren zu können. Diesel soll es dort zurzeit nur in kleinen Mengen und zu horrenden Preisen auf dem Schwarzmarkt geben. Morgen fahren wir zur Grenze, ich hoffe wir werden überhaupt ins Land gelassen.

DAS KRAFTWERK VON ORLANDO IN SOWETO

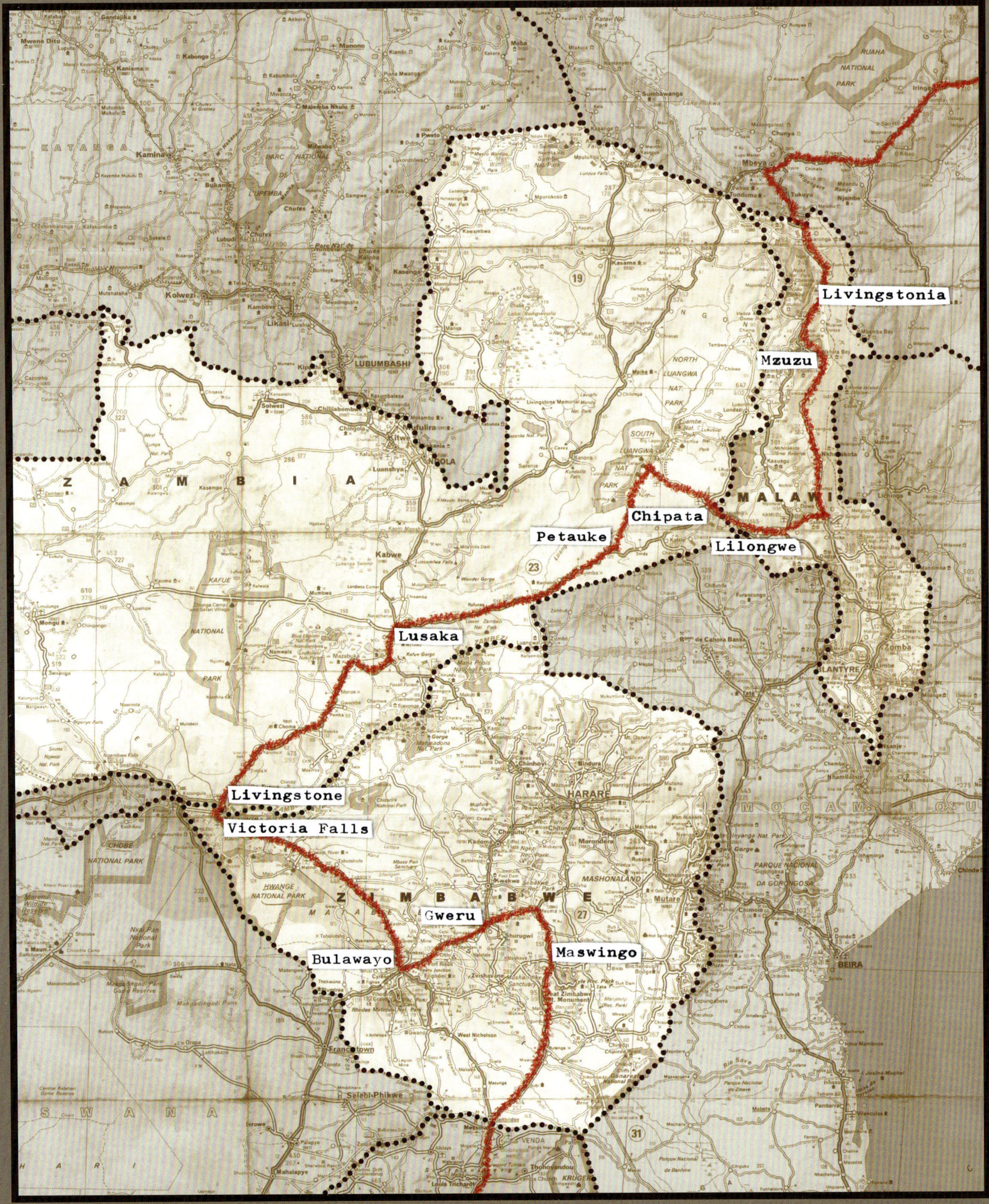

Livingstonia
Mzuzu
Chipata
Petauke
Lilongwe
Lusaka
Livingstone
Victoria Falls
Gweru
Bulawayo
Maswingo
ZAMBIA
MALAWI
ZIMBABWE

8 WIR WÄHLEN ROBERT MUGABE

SIMBABWE

Das Erste, was wir in Simbabwe zu sehen bekamen, war eine endlose Schlange von Menschen, die auf die Ausreise nach Südafrika warteten. Simbabwe befand sich im Ausnahmezustand: Die Wirtschaft war kollabiert, es herrschte eine groteske Hyperinflation von 100 000 Prozent. Treibstoff und Grundnahrungsmittel waren knapp, politische Gewalt war an der Tagesordnung, die Arbeitslosigkeit lag bei 80 Prozent, und wer es sich leisten konnte, verließ das Land. Trotzdem überraschten uns die Simbabwer mit einer alltäglichen Ruhe und freundlichen Gelassenheit, die wir uns nicht recht erklären konnten. Schnell merkten wir, dass Simbabwer, Weiße wie Schwarze, Überlebenskünstler sind, die geduldig den Erniedrigungen des Alltags begegnen und es verstehen, selbst größte Hindernisse zu überwinden.

Nicht zufällig reisten wir nur wenige Tage vor der international stark beachteten Präsidentschaftswahl ein, in der sich der 84-jährige Diktator Robert Mugabe zum sechsten Mal seit 1980 zur Wiederwahl stellte. Nie zuvor war die Opposition so stark gewesen, der Ausgang der Wahl galt als völlig offen und alles entscheidend für die Zukunft des Landes. Im Auftrag der *New York Times* sollte ich die Wahlen fotografieren, und zwar *undercover,* da ausländische Journalisten im Land nicht zugelassen waren.

Robert Mugabe, einst gefeierter Freiheitskämpfer und Gegner der rassistischen weißen Minderheitsregierung Rhodesiens, war 1980 zum ersten schwarzen Premierminister gewählt worden. Anfänglich war er beim Volk beliebt und international respektiert. Das Land florierte, wurde zum größten Getreide- und Tabakproduzenten Afrikas und hatte die niedrigste Analphabetenrate des gesamten Kontinents. Mit der Zeit nahm der Führungsstil Mugabes allerdings immer mehr diktatorische Züge an, und als ab dem Jahr 2000 rund elf Millionen Hektar Land weißer simbabwischer Farmer gewaltsam enteignet und neu verteilt wurden, stürzte nicht nur der Agrarsektor, sondern das gesamte Land in eine tiefe wirtschaftliche und politische Krise.

Erst Wochen nach der Wahl wurde bekannt gegeben, dass weder Robert Mugabe noch sein Gegenkandidat, Morgan Tsvangirai, die absolute Mehrheit erlangt hatten. Vor der Stichwahl zog Tsvangirai wegen massiver Repressionen und Gewaltakte gegen Mitglieder seiner Oppositionspartei die Kandidatur zurück. Schließlich einigten sich die beiden Politiker auf eine Teilung der Macht, und Morgan Tsvangirai wurde am 11. Februar 2009 als Ministerpräsident vereidigt. Robert Mugabe blieb Präsident. Unter der Einheitsregierung setzte sich leider auch die wirtschaftliche Misere fort.

SAMBIA

«Otsukare-sama deshita!», rief die japanische Reisegruppe nach ihrem Besuch der Viktoriafälle im Chor. Dieser Ausdruck bedeutet so viel wie «Danke, dass wir müde sind» und wird nach getaner Arbeit verwendet. Die Japaner waren wie wir bis auf die Haut durchnässt, als hätten wir uns angezogen unter die Dusche gestellt. Der Anblick der tosenden Viktoriafälle entschädigte uns für den Sprühnebel, der es hier Tag und Nacht „regnen“ lässt.

David Livingstone, der schottische Missionar und Afrikaforscher, war der erste Europäer, der 1855 dem Lauf des Sambesi folgte und den Wasserfall, den größten Afrikas, nach der britischen Königin Victoria benannte. Als Livingstone von einer seiner Expeditionen nicht mehr zurückkehrte und als verschollen galt, wurde der Journalist Henry Morton Stanley von der Tageszeitung *New York Herald* auf die Suche geschickt. Am 10. November 1871 traf er Livingstone in Ujiji im heutigen Tansania und begrüßte ihn mit den legendären Worten: *«Dr. Livingstone, I presume?»*

Einst war Sambia wie Simbabwe und Malawi Teil der von Großbritannien verwalteten „Zentralafrikanischen Föderation“. Nach seiner Unabhängigkeit 1964 blieb es bis in die 1970er Jahre relativ wohlhabend. Eine verfehlte Wirtschaftspolitik und der Verfall der Weltmarktpreise für Kupfer führten jedoch zum stetigen Niedergang. Heute lebt über die Hälfte der Bevölkerung am Rand des Existenzminimums. Investitionen fließen vor allem in den Tourismus. Sambia hat den Ruf, „wilder“ als seine Nachbarstaaten zu sein: Es gibt 19 Nationalparks, darunter der artenreiche South-Luangwa-Nationalpark.

MALAWI

Das Wahrzeichen des Landes ist der 560 Kilometer lange und bis zu 80 Kilometer breite Malawisee. Er ist einer der größten afrikanischen Seen und bekannt für sein klares, dunkelblaues Wasser. Nach einem langen Tag im heißen Auto konnten wir einem Bad in diesem See nicht widerstehen, wobei der Spaß nicht ungetrübt ist. Zum einen ist der Malawisee mit den Erregern der Bilharziose verseucht, einer Wurmkrankheit, die tödlich verlaufen kann. Zum anderen muss man immer auf der Hut vor Nilpferden oder Krokodilen sein. Nilpferde wirken träge, sind aber im Wasser und an Land erstaunlich beweglich und schnell. Obwohl sie reine Pflanzenfresser sind, attackieren sie auch Menschen, zum Beispiel, wenn sie das Gefühl haben, der Fluchtweg ins offene Wasser sei versperrt. Manche behaupten sogar, es kämen mehr Menschen durch Nilpferde ums Leben als durch Krokodile. Die finden im fischreichen Malawisee eigentlich genug Nahrung. Und in abgelegenen Uferzonen gibt es auch noch Seepythons und große Warane ... Trotzdem – eine kurze Abkühlung musste sein.

ZU STUR? ARMER ESEL.

LEERE STRASSEN IN SIMBABWE, NUR WIR SCHEINEN DIESEL ZU HABEN.

EINST WAR SIMBABWE EIN TOURISTENMAGNET – HEUTE ZEUGEN NUR NOCH POSTER IM BAHNHOF VON VICTORIA FALLS DAVON.

ELISHA ZEIGT UNS DAS GREAT ZIMBABWE NATIONAL MONUMENT.

GREAT ZIMBABWE NATIONAL MONUMENT, SIMBABWE 25. MÄRZ [36 568 KM]

So weit, so gut. Wir sind in Simbabwe angekommen und als Touristen unterwegs. Dennoch müssen wir sehr vorsichtig sein, insbesondere was das Fotografieren betrifft, denn Spitzel und Informanten der Regierungspartei ZANU-PF sind überall. Aus Interesse, aber auch um den Schein zu wahren, besuchen wir die beeindruckenden Ruinen von Great Zimbabwe, einer der ältesten vorkolonialen Siedlungen Afrikas. Da diese aus Stein erbaut wurde, hat sie die Zeit überdauert. Hier stand einst die Hauptstadt des Munhumutapa-Reiches, das zwischen dem 11. und 14. Jahrhundert seine Blütezeit hatte. Elisha, unser Führer, zeigt uns drei Stunden lang die Überreste des einst weitläufigen Stadtgebiets. Er sagt, dass er und seine Kollegen kaum Geld verdienen. Vorsichtig frage ich: «Denkst du, dass sich die Dinge nach den Wahlen ändern werden?» Womit ich natürlich meine, ob er glaubt, dass Mugabe endlich abgewählt wird. Diplomatisch antwortet er: «Wir alle hoffen es.» In Simbabwe lernt man, zwischen den Zeilen zu lesen.

WAHLPLAKATE DER OPPOSITIONSPARTEI MDC

'Mugabe must go, and he must go now'

BULAWAYO, SIMBABWE 29. MÄRZ [36 997 KM]

Eine Flasche Cola kostet 25 600 000 Simbabwe-Dollar. Alle Simbabwer sind in den letzten Monaten zu Millionären geworden, doch ihr Geld ist nichts mehr wert, es ist bloß bedrucktes Papier. Die großen Supermärkte des Landes, die einst genauso gut gefüllt waren wie die im Nachbarland Südafrika, sind fast leer. Reihe um Reihe: leere Regale. Es gibt nichts zu kaufen außer Fliegenklatschen, Raumduftspray und Coca-Cola. Kein Brot, kein Reis, kein Fleisch. Die Geschäfte dürfen keine Fremdwährungen wie US-Dollar, Euro oder den südafrikanischen Rand annehmen. Nur auf dem Schwarzmarkt wird mit harter Währung bezahlt, die für die meisten Simbabwer aber nicht verfügbar ist.

Wir wohnen bei einer Familie in Bulawayo. Es sind einfache, nette Leute aus dem Mittelstand. Ich möchte ihre Namen nicht in mein Tagebuch schreiben, wer weiß, was in den kommenden Tagen noch passiert. Ich erzähle ihnen, dass ich für die *New York Times* unterwegs bin, und sie nehmen mich mit, als sie in einer Schule unweit ihres Hauses wählen gehen. Ich mache einige Fotos mit meiner kleinen Leica M8. Unsere Gastgeber gehen für uns ein sehr großes Risiko ein. Selbst hier in Bulawayo, der zweitgrößten Stadt des Landes und einer Hochburg der Opposition, kommt es zu willkürlichen Verhaftungen und politischer Gewalt, die von Schlägertrupps der ZANU-PF verübt werden.

Ich treffe einen weißen Simbabwer, einen ehemaligen Farmer. Auch er meint, dass das Land vor dem Jahr 2000 ungerecht verteilt war. Er sagt: «Natürlich brauchte Simbabwe eine Landreform. Aber doch nicht auf eine solch chaotische und korrupte Weise. Die, die am meisten unter den Zwangsenteignungen der Regierung zu leiden haben, sind die Schwarzen. Sie haben auf den Farmen gearbeitet und alle ihre Jobs verloren. Sie haben nun nichts zu essen, weil Simbabwe schlagartig aufgehört hat, Nahrungsmittel zu produzieren. Viele von uns, obwohl sie seit Generationen im Land ansässig sind, wandern aus und gehen nach Südafrika, Neuseeland oder Australien und wenden ihr Know-how eben dort an. Ein Großteil des enteigneten Landes ging an Mitglieder der ZANU-PF-Parteielite, an Mugabes Freunde, die überhaupt keine Ahnung von Landwirtschaft haben. Jetzt liegt das Land brach. Robert Mugabe ist ein Diktator. Er hat dieses Land ruiniert. Der alte Mann ist dem Wahnsinn verfallen, und alle hoffen, dass er endlich an Altersschwäche stirbt.»

Ich schicke meine Bilder mithilfe meines R-BGAN-Satellitenmodems an die *New York Times* und nach Köln zur Agentur *laif*. Die *New York Times* veröffentlicht einige meiner Fotos von leeren Supermarktregalen neben einem kritischen Artikel von Barry Bearak, einem Korrespondenten, der ebenfalls *undercover* als Wahlberichterstatter unterwegs ist. Obwohl meine Bilder die verzweifelte Lage des Landes nur ahnen lassen, bin ich froh, wenigstens einen kleinen Beitrag zur Dokumentation der Geschehnisse leisten zu können.

LEERE SUPERMARKTREGALE IN BULAWAYO –
NUR AN COCA-COLA, FLIEGENKLATSCHEN UND TOILETTENPAPIER HERRSCHT KEIN MANGEL.

VICTORIA FALLS, SIMBABWE

3. APRIL [37 478 KM]

Ich bekomme einen panischen Telefonanruf aus New York. Barry Bearak ist verhaftet worden. *«Get out now!»*, ruft die Bildredakteurin ins Telefon. Der Korrespondent wurde von der simbabwischen Polizei aufgespürt. Sie wisse nicht, wo er jetzt sei, sagt die Redakteurin. Mein Name stand in der Onlineausgabe der Zeitung unter den Bildern, die zusammen mit Barry Bearaks Text veröffentlicht worden waren. Wir sollen das Land so schnell wie möglich verlassen, bevor die Polizei uns findet.

Es ist schon spät. Wir sind zwar nicht weit von der Grenze zu Sambia entfernt, aber nachts ist der Grenzübergang geschlossen. Uns bleibt nichts anderes übrig, als auf den Morgen zu warten. Ich versuche, ruhig zu bleiben. Doch es gelingt mir nicht. Schweigend sitzen wir im Land Rover. An Schlaf ist nicht zu denken. Ich habe keine Angst um mich. Doch beim Gedanken daran, dass Chiho durch meine Leichtsinnigkeit in einem simbabwischen Gefängnis landen könnte, wird mir ganz schlecht.

PRÄSIDENT ROBERT MUGABE WACHT ÜBER DIE MITARBEITER DES HAUPTPOSTAMTS IN BULAWAYO.

His Excellency, the President of the Republic of Zimbabwe, Cde. Robert Gabriel Mugabe

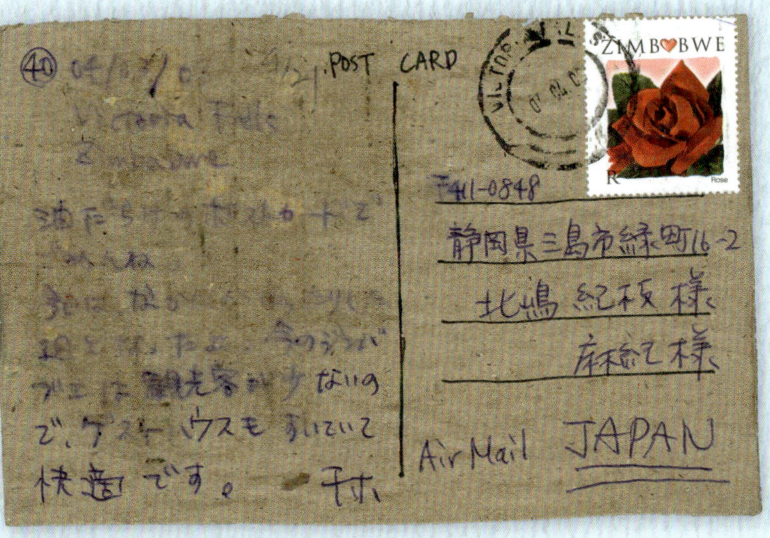

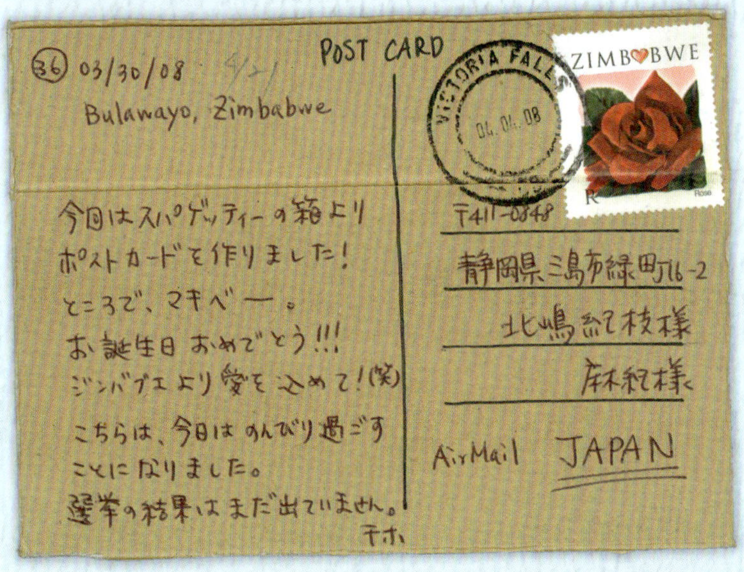

IN SIMBABWE KONNTEN WIR KEINE POSTKARTEN FINDEN, UND SO MUSSTEN WIR UNS MIT SPAGHETTISCHACHTELN UND PIZZAKARTONS HELFEN (EINE PIZZA KOSTETE 450 000 000 ZIM-DOLLAR!). ALLE POSTKARTEN AUS SIMBABWE ERREICHTEN IHRE ADRESSATEN.

DIE LEGENDÄREN VICTORIAFÄLLE, VON SIMBABWE AUS GESEHEN

LIVINGSTONE, SAMBIA 4. APRIL [37 490 KM]

Wir halten dem simbabwischen Grenzpolizisten unsere Reisepässe hin. Er nimmt sie, ohne aufzublicken. Wir sind sehr nervös, fürchten, jede Minute verhaftet zu werden. Robert Mugabe blickt uns währenddessen ernst an, sein Bild hängt wie in allen öffentlichen Gebäuden an der Wand des Grenzbüros. Wir müssen raus aus Simbabwe, und zwar schnell. Nicht nur Barry Bearak, auch andere Journalisten wurden bereits verhaftet. Es ist nur eine Frage der Zeit, wann wir an der Reihe sind. Gibt es eine schwarze Liste, die an alle Grenzposten geschickt worden ist? Stehen unsere Namen darauf? Die Spannung ist unerträglich.

Doch nichts geschieht. Der Polizist stempelt unsere Pässe routinemäßig ab und wünscht uns einen schönen Tag. Wir verlassen das Grenzgebäude und müssen uns sehr beherrschen, nicht loszurennen, sondern ganz normal zu unserem Land Rover zu gehen. Als wir wenige Minuten später mit dem Auto die große Stahlbrücke überqueren, die sich über den Sambesi spannt und direkt an den gewaltigen Viktoriafällen vorbeiführt, ist unsere Erleichterung grenzenlos.

Geschafft! Wir sind draußen!

NÖRDLICH VON PETAUKE, SAMBIA 7. APRIL [38542 KM]

Um ein Haar fahre ich den Land Rover zu Schrott. Nach einer von vielen Flussdurchquerungen fahre ich mit Schwung eine steile Uferböschung hinauf. Dabei übersehe ich ein mit Gras überwachsenes, etwa eineinhalb Meter tiefes Loch. Die rechte Seite des Land Rovers versinkt hoffnungslos darin, das Fahrzeug gerät in prekäre Schieflage. Es ist plötzlich sehr still im Auto. Durch die Frontscheibe ist nur noch der tiefblaue afrikanische Himmel zu sehen. Nacheinander klettern wir wortlos durch das linke Seitenfenster ins Freie, äußerst langsam und behutsam, da der Land Rover buchstäblich in der Luft hängt und jeden Moment umzukippen droht.

Von draußen sehen wir, dass das linke Vorderrad einen Meter über dem Boden schwebt. Das Auto wird lediglich von einem armdicken Ast gestützt, der sich zufälligerweise in dem Loch befunden hat. Dieser Ast verhindert, dass sich das Fahrzeug zur Seite legt und sich überschlägt. Vorsichtig holen wir unser Bergungswerkzeug hervor und sichern den Land Rover mit Gurten ab, bevor wir ihn langsam mithilfe unserer elektrischen Seilwinde wieder auf alle vier Räder stellen. Das Ganze hätte in einem Desaster enden können, denn die Strecke ist praktisch unbefahren und liegt fernab jeglicher Zivilisation.

WIR FINDEN IMMER NEUE FREUNDE: KINDER WÄHREND EINER PAUSE IN IHREM DORF.

HOCH DAS BEIN!
MIT DIANA UND KATE DURCHS WILDE SAMBIA.

IM SOUTH-LUANGWA-NATIONALPARK

SÜDLICH VON MFUWE, SAMBIA 8. APRIL [38542 KM]

Wir campen im Busch. Ich liebe es, draußen zu sein. Zuerst suche ich Holz und mache ein großes Feuer. Chiho kocht Abendessen, es gibt Nudeln mit Soße. Heute macht sie etwas mehr als sonst, denn wir haben Gäste. Unterwegs haben wir zwei junge Amerikanerinnen aufgelesen, Diana und Kate. Diana arbeitet in der Krankenstation eines winzigen, abgelegenen Dorfes nicht weit von hier und spricht einen lokalen Dialekt des Nsenga, eine der vielen Bantusprachen Sambias. Ihre Freundin Kate ist gerade zu Besuch, und die beiden sind wie wir auf dem Weg zum South-Luangwa-Nationalpark. Nach dem Essen sitzen wir am Feuer, und Diana erzählt uns bis spät in die Nacht von ihrem Alltag auf der Station. Die medizinische Versorgung in dieser Gegend ist äußerst rudimentär. Diana arbeitet rund um die Uhr und lebt als einzige Ausländerin weit und breit in einer Hütte ohne Wasser und Strom. Sie sagt, die Arbeit sei hart, aber erfüllend, denn die Patienten seien sehr dankbar. Als wir später in unseren Zelten liegen, hören wir seltsame Geräusche. Unser Übernachtungsplatz liegt ganz in der Nähe des Nationalparks, der natürlich nicht eingezäunt ist. Die wilden Tiere bewegen sich frei in der Region. Unweit unseres Lagerplatzes haben wir heute Elefantenspuren entdeckt. Am nächsten Morgen erzählen uns Diana und Kate, dass sie sich in der Nacht nicht getraut hätten, ihr kleines Zelt zu verlassen, um einem dringenden Bedürfnis nachzugehen. Das nächtliche Gebrüll von Löwen in der Nähe habe sie abgehalten. Beinahe hätten sie sich in die Hosen gepinkelt. Wir lachen alle herzlich, obwohl die Sache eigentlich ernst ist, denn immer wieder kommt es vor, dass Touristen und Einheimische von Löwen angefallen und aufgefressen werden.

DER MALAWISEE BEI NKHATA BAY

ES GEHT AUCH OHNE WASSER: SÄGEMEHL UND ASCHE ERSETZEN DIE SPÜLUNG, ABER NICHT DAS TOILETTENPAPIER!

NKHATA BAY, MALAWI 12. APRIL [39 455 KM]

Wir campen auf dem Parkplatz einer Unterkunft für Rucksackreisende. Die Anlage besteht aus vielen kleinen Hütten, die über einen steilen Hang verteilt direkt am Ufer des Malawisees liegen. Selbst in diesem Camp, das mit vier Euro pro Nacht sehr günstig ist und eher an eine Hippiekommune als eine Jugendherberge erinnert, sind alle Gäste wie immer weiß und alle Angestellten schwarz. Nie ist es umgekehrt. Afrikanische Touristen sind in Afrika selten. Und das, obwohl sich die Afrikaner aus der Mittel- und Oberschicht das Reisen leisten könnten. Gibt es keine jungen Afrikaner aus wohlhabenden Familien, die ausziehen, um ihren eigenen Kontinent zu erkunden? Kaum vorstellbar, denn es gibt wohl keinen anderen Kontinent, in dem die Leute so viel unterwegs sind wie in Afrika. Überall und zu jeder Tageszeit sieht man Menschen, die die Straße entlangmarschieren. Oft tragen sie ein Bündel oder andere Lasten auf dem Kopf. Genauso häufig sind Leute mit dem Fahrrad oder in stickigen Minibussen unterwegs, oder auf überfüllten Fähren und in voll besetzten Zügen. Afrikaner sind ständig auf Achse, aber sie reisen nicht zum Spaß. Der Weg zur Arbeit, der Besuch einer entfernten Schule oder Universität, eine Hochzeit, die Flucht vor Krieg und Dürre, ein Arztbesuch oder eine Geschäftsreise – es scheint, als gäbe es in Afrika keine Reise ohne Grund.

LIVINGSTONIA, MALAWI

13. APRIL [39673 KM]

In Nhkata Bay können wir endlich unsere E-Mails checken und erfahren, dass Barry Bearak, unser Kollege von der *New York Times,* eine Woche vorher aus dem Gefängnis in Harare entlassen worden war und nun wieder zu Hause in Südafrika ist. Wir sind sehr erleichtert und fahren weiter nach Norden, Richtung Livingstonia. Eine geteerte Straße windet sich über Berge und hohe Pässe immer am See entlang. Ein erstaunlich schlechter, steiniger Weg führt die letzten 15 Kilometer in Serpentinen steil bergauf bis ans Ziel. Hier baute die schottische Kirche vor 130 Jahren eine Missionsstation, die auf 1000 Meter Höhe liegt. Wir fragen uns, wie die Missionare ihr Baumaterial und ihre Gerätschaften dort hinaufgeschafft haben. Es gibt eine große Kirche, ein Krankenhaus mit 100 Betten, eine Schule, eine Universität, ein Gästehaus und einige Wohnhäuser. Die Aussicht ist einzigartig, und die Gebäude sind gut erhalten. Wir übernachten in der Nähe der Mission, in dem sehr schön gelegenen Lukwe-Eco-Camp, einer nachhaltig betriebenen Lodge, die von einem Belgier geführt wird. Am meisten beeindruckt uns die absolut geruchsneutrale, selbstkompostierende, wasserlose Ökotoilette, die man sich als intelligente Weiterentwicklung eines Plumpsklos vorstellen muss.

AUF DEM WEG NACH LILONGWE

Kampala
Jinja
Eldoret
Isiolo
Nakuru
Mbarara
Nairobi
Kigali
Mwanza
Moshi
Arusha
Daressalam
Morogoro
Iringa
Mbeya
U G A N D A
K E N Y A
T A N Z A N I A
E T H I O P I A
RWANDA
BURUNDI
DODOMA
MOMBASA
TANGA

9 AM KILIMANDSCHARO LINKS

TANSANIA

Serengeti bedeutet in der Sprache der Massai „unendliches Land“. Der Serengeti-Nationalpark im Nordwesten Tansanias zählt seit 1981 zum Weltkulturerbe. Im deutschsprachigen Raum wurde diese einzigartige Naturlandschaft schon 1959 berühmt durch Bernhard und Michael Grzimeks Dokumentarfilm „Serengeti darf nicht sterben“.

Obwohl der Besuch des Nationalparks heute erstaunlich teuer ist – der Eintrittspreis für zwei Personen und ein Fahrzeug beträgt 160 US-Dollar pro Tag, und der Besuch des Ngorongoro kostet weitere 400 US-Dollar –, lohnt sich die Investition. Insbesondere der Ngorongorokrater mit einem Durchmesser von bis zu 21 Kilometern im Talgrund und seinen bis zu 600 Meter steil aufragenden Kraterwänden hat uns tief beeindruckt. Der mit Gras bewachsene, flache Kraterboden bietet heute Elefanten, Zebras, Giraffen, Löwen, Flamingos, Gnus, Büffeln und Nashörnern einen idealen Lebensraum. Im Serengeti-Nationalpark verpassten wir den Anblick der großen jährlichen Tierwanderung nur knapp. Die letzten Gnus brachen auf, als wir die erste Nacht im Park campten – ein Furcht einflößendes Erlebnis, denn Tausende Hufe einer Herde in vollem Lauf machen einen Höllenlärm und lassen die Erde erbeben. Wir flüchteten uns ins Auto, denn das Getrampel wurde immer lauter, und wir erwarteten, jeden Moment überrannt zu werden. Gespannt starrten wir in die stockdunkle Nacht, bekamen aber kein einziges Gnu zu sehen. Erst am nächsten Morgen sahen wir an den Spuren, dass die Herde weniger als 100 Meter entfernt von unserem Zeltplatz vorbeigezogen war.

RUANDA

Wenn wir es nicht gewusst hätten, wären wir auf der Durchreise nie auf die Idee gekommen, dass in Ruanda ein Völkermord stattgefunden hat. Völlige Normalität erwartete uns in Kigali, der Hauptstadt des Landes. Geschäftiges Treiben in einer überdurchschnittlich sauberen afrikanischen Großstadt.

Die Geschichte Ruandas wird wohl für immer mit dem Genozid verbunden bleiben, der vom 6. April bis Mitte Juli 1994 andauerte. Etwa 800 000 bis 1 000 000 Menschen verloren dabei ihr Leben. In weniger als 100 Tagen töteten Angehörige der Hutu-Mehrheit etwa 75 Prozent der in Ruanda lebenden Tutsi-Minderheit. Zu ihren Opfern zählten auch moderate Hutu, die sich am Völkermord nicht beteiligen wollten. Die Täter kamen aus den Reihen der ruandischen Armee, der Präsidentengarde, der Nationalpolizei und der Verwaltung. Zudem spielten die Kämpfer der Interahamwe, einer 30 000 Mann starken radikalen Hutu-Miliz, eine besonders aktive Rolle. Aber auch viele Zivilisten beteiligten sich. Der Genozid war Teil eines langjährigen Konflikts zwischen der damaligen ruandischen Regierung und der Rebellenbewegung Ruandische Patriotische Front (RPF). Die Vereinten Nationen und Staaten wie die USA, Großbritannien und Belgien wurden später für ihre Untätigkeit kritisiert. So wurden die vor Ort stationierten Friedenstruppen der Vereinten Nationen, die United Nations Assistance Mission for Rwanda (UNAMIR), bei Ausbruch der Gewalt nicht verstärkt, sondern verkleinert. Gegen Frankreich wurde sogar der Vorwurf erhoben, sich an den Verbrechen beteiligt zu haben.

Der Völkermord in Ruanda erzeugte aber über Ländergrenzen hinweg Probleme. Nachdem die RPF die Hutu-Machthaber vertrieben, den Völkermord beendet und eine neue Regierung gebildet hatte, flohen im Sommer 1994 Hunderttausende Hutu in den Osten von Zaire (heute Demokratische Republik Kongo). Unter den Flüchtlingen waren viele Täter, die anschließend zur Rückeroberung Ruandas rüsteten. Die ruandische Armee nahm diese Aktivitäten mehrfach zum Anlass, um im westlichen Nachbarland zu intervenieren.

UGANDA

Wir essen in Nando's Restaurant im Zentrum von Kampala zu Mittag. Nando's ist eine Kopie der gleichnamigen südafrikanischen Fast-Food-Kette. Es gibt Hähnchen mit Pommes frites. Chiho wird von unseren jungen Tischnachbarn angesprochen und gefragt, woher sie komme. Das Gespräch entwickelt sich zu einem spontanen, ausgelassenen Japanischkurs. Zu unser aller Überraschung klingen einige Worte des in Uganda gesprochenen Buganda wie Japanisch. «*Beer wa sente mekka?*» bedeutet: «Was kostet das Bier?» Der gleiche Satz lautet auf Japanisch: «*Bieru wa ikura desuka?*»

Wir mögen die Ugander sofort, und es ist für uns schwer vorstellbar, dass dieses Land unter einer der brutalsten Diktaturen Afrikas gelitten hat. Von 1966 bis 1986 herrschten Milton Obote und Idi Amin. Ihr totalitärer Regierungsstil führte zu Gewalt, schweren Menschenrechtsverletzungen und bürgerkriegsartigen Zuständen. Zwischen 300 000 und 400 000 Menschen sollen allein Idi Amins achtjähriger Gewaltherrschaft zum Opfer gefallen sein. Sein Regierungsstil nahm bizarre Züge an. So nannte Amin sich selbst: *„His Excellency, President for Life, Field Marshal Al Hadji Doctor Idi Amin Dada, VC, DSO, MC, Lord of All the Beasts of the Earth and Fishes of the Seas and Conqueror of the British Empire in Africa in General and Uganda in Particular"*.

Seit 1986 regiert Yoweri Museveni das Land, aber auch unter ihm kam es zu Menschenrechtsverletzungen und militärischen Auseinandersetzungen mit den Nachbarländern. Immerhin beruhigte sich die politische Situation, und die Wirtschaft erholte sich.

Über 20 Jahre lang terrorisierte eine Rebellengruppe, die Lord's Resistance Army (LRA), den Norden Ugandas. Sie wurde 1987 unter der Führung von Joseph Kony als Widerstandsbewegung gegen die Regierung von Yoweri Museveni gegründet. Nachdem die ugandische Armee die LRA weitgehend vertreiben konnte, kämpft sie nun im Grenzgebiet zwischen der Zentralafrikanischen Republik, der Demokratischen Republik Kongo und dem Südsudan weiter für die Errichtung eines christlichen Gottesstaates. Heute kann man sogar den Norden einfach und sicher bereisen – Uganda wird bei Touristen immer beliebter.

KENIA

Wir sind alle Afrikaner. Das Gebiet des heutigen Kenia gehört zu jenen Regionen Afrikas, in denen sich die Gattung Homo entwickelte. Wir besuchen das Koobi Fora Base Camp am Ufer des Turkanasees. Hier und entlang des nahe gelegenen Omo in Äthiopien wurden einige der wichtigsten Grabungen durchgeführt, die die Entwicklungsgeschichte des Menschen verstehen halfen. Die Funde in dieser Region untermauern die „Out-of-Africa-Theorie", die heute von der Mehrzahl der Forscher vertreten wird. Danach hat sich Homo sapiens, der moderne Mensch, in Afrika entwickelt und von dort auf der ganzen Welt ausgebreitet.

Die Provinz Rift Valley im Westen Kenias präsentiert sich uns weniger als die Wiege der Menschheit und mehr als eine von Gewalt geplagte Region. In Nakuru, Eldoret und anderen Orten sehen wir viele geplünderte und ausgebrannte Häuser. Nur wenige Monate vor unserem Besuch kam es in Kenia nach der Präsidentschaftswahl zu schweren gewalttätigen Auseinandersetzungen, bei denen bis zu 1500 Menschen getötet und mehr als 600 000 vertrieben wurden. Präsident Mwai Kibaki und sein Herausforderer Raila Odinga waren im Dezember 2007 zur Wahl angetreten. Kibaki wurde überraschend mit einer knappen Mehrheit im Amt bestätigt, internationale Beobachter berichteten von massiver Wahlfälschung. Nach der Bekanntgabe der Vereidigung von Mwai Kibaki kam es zu Protesten und ethnisch motivierter Gewalt. Sie richtete sich gegen die Kikuyu, das Volk, dem der Präsident angehört. Auf Vermittlung des ehemaligen UN-Generalsekretärs Kofi Annan bildeten der Präsident und sein Herausforderer Ende Februar 2008 eine Einheitsregierung, die bis heute besteht. Allerdings ist Odinga seitdem der Ministerpräsident Kenias.

AM STRAND SÜDLICH VON DARESSALAM →
FISCHER IM INDISCHEN OZEAN

DARESSALAM, TANSANIA 29. APRIL [40 891 KM]

Wir campen am Indischen Ozean, etwa zehn Kilometer südlich von Daressalam, der größten Stadt Tansanias. Es ist tropisch heiß, einmal am Tag regnet es kräftig, die Temperatur sinkt nie unter 30 Grad. In unserem Dachzelt ist es immer schön trocken und durch die geöffneten Gazefenster auch nie zu heiß. Der Land Rover steht direkt am Meer, unter Palmen. In der Nähe gibt es eine von Indern geführte Strandbar. Dort bestellen wir jeden Abend zwei Portionen Ugali mit Soße. Das Gericht steht nicht auf der Speisekarte, und die afrikanischen Kellner lachen immer laut auf und freuen sich, wenn wir ordern. Sie fragen: *«Are you sure you don't want the Tandoori Chicken or the Vegetable Curry¿»* *«No»*, sagen wir, *«we prefer Ugali.»* Dann lachen sie noch mehr, denn Ugali mit Soße ist das afrikanische Standardessen schlechthin und genau das, was die Kellner wahrscheinlich selbst jeden Tag essen. Das Gericht ist einfach: Es basiert auf einer Art Brei aus Maismehl, der gekocht wird, bis er eine feste Konsistenz hat. Dazu gibt es braune oder rote Soße,

mit Gemüse oder Fleisch. Das Gericht kennt man in ganz Afrika unter verschiedenen Namen wie Nshima, Mealie Pap, Sadza oder Fufu. Zu unserer dampfenden Portion Ugali trinkt Chiho jeden Abend ein eiskaltes Tusker, Kilimanjaro oder Safari Lager. Ich nehme eine Cola. In keinem Gourmetrestaurant der Welt könnte es uns besser schmecken. Die Tage verbringen wir damit, den Land Rover umzupacken, kleine Reparaturen durchzuführen und im Meer zu schwimmen. Chiho schneidet mir mit einem elektrischen Rasierer die Haare stoppelig kurz. Wir sind sehr glücklich miteinander. Es ist ein großes Geschenk, gemeinsam unterwegs sein zu können. Mir selbst geht es viel besser als zu Beginn der Reise. Ich bin ruhiger geworden. Es ist ein schmerzhafter, zäher Prozess. Doch ganz langsam scheine ich mein Trauma zu überwinden und eine gewisse Balance, einen Rhythmus zu finden. Die Alpträume sind seltener geworden. Ich bin weniger schreckhaft und denke nicht mehr ständig an den Irak.

ES IST EINE ECHTE HERAUSFORDERUNG, AFRIKANISCHE TIERE JENSEITS DER KLISCHEES ZU FOTOGRAFIEREN.
ICH WERDE MIT DIESEM BILD WOHL KEINEN NATURFOTOPREIS GEWINNEN, DOCH ES ZEIGT, WAS EINE GIRAFFE AUSMACHT: EIN ENDLOS LANGER HALS!

WIR TREFFEN AUF EINEN GUT GELAUNTEN, JUNGEN MASSAI, DER UNS EIN ARMLANGES MESSER ZUM KAUF ANBIETET. DIE MASSAI LEBEN MIT IHREN RINDERHERDEN AM RAND DES SERENGETI-NATIONALPARKS. SIE ZÄHLEN ZU DEN BEKANNTESTEN STÄMMEN AFRIKAS UND GELTEN ALS STOLZES UND KRIEGERISCHES VOLK. DER JUNGE MANN UND ICH WERDEN SCHNELL HANDELSEINIG – UND HEUTE SCHMÜCKT DAS RIESIGE MASSAI-MESSER EINE WAND IM HAUS MEINER ELTERN.

UNSER ZIMMER IM ONE LOVE CLUB (!) IN KIGALI

KIGALI, RUANDA 11. MAI [43 038 KM]

Wir gehen im Hôtel des Mille Collines eine Cola trinken. Heute ist Sonntag, und ruandische und ausländische Familien essen auf der Hotelterrasse zu Mittag, Kinder spielen fröhlich im Pool. Während des Völkermords fanden in diesem Hotel bis zu 1200 Menschen Zuflucht. Sie wurden durch den heldenhaften Einsatz des damaligen Hotelmanagers Paul Rusesabagina und seiner Mitarbeiter vor dem sicheren Tod bewahrt. Der amerikanische Spielfilm „Hotel Ruanda" basiert auf der Geschichte Rusesabaginas und machte ihn und das Hôtel des Mille Collines international bekannt.

Wir besuchen das Kigali Memorial Centre. Das Museum und Zentrum zur Erinnerung an den Genozid wurde an einer Stelle errichtet, an der 250 000 Menschen bestattet sind. Dort ist eine ständige Ausstellung zu sehen, die die Geschehnisse von 1994 radikal, direkt und detailgenau in Bildern und Texten darstellt. Viele der dort gezeigten Fotos sind schwer zu ertragen, die meisten stammen von Corinne Dufka. Ich hatte sie vor einigen Monaten kurz in Dakar getroffen. Früher war sie Fotografin für die Nachrichtenagentur Reuters in Afrika gewesen, heute arbeitet sie als Menschenrechtsaktivistin für Human Rights Watch. Corinne Dufka hat alle Aspekte des Genozids dokumentiert. Man sieht es den Bildern an, wie hart und besessen sie gearbeitet hat. Heute ist ihr Werk ein bedeutendes historisches Dokument. Ich glaube nicht, dass Fotos Kriege und Völkermorde stoppen. Sie können das Geschehen meist nur dokumentieren und kommentieren, und nur unter gewissen Umständen helfen sie, politischen oder öffentlichen Druck aufzubauen. Wann immer Bilder veröffentlicht werden, informieren sie andere Menschen. Was diese dann mit den Informationen tun oder nicht tun, liegt nicht in der Hand des Fotografen. Wenn man sich über die Konsequenzen oder das Nicht-Eintreten von Konsequenzen der eigenen journalistischen Arbeit zu viele Gedanken macht, wird man verrückt. Oder man muss den Beruf wechseln und zum Aktivisten werden, wie Corinne Dufka.

Wir fahren über Land. Das „Land der tausend Hügel“, wie Ruanda oft genannt wird, ist dicht besiedelt. Beinahe jeder Quadratmeter wird landwirtschaftlich genutzt. Die grünen Hügel und Täler sind übersät von winzigen, akkurat angelegten Feldern. Vor den Häusern und Hütten sieht man kleine, ordentliche Gärten, in denen Frauen arbeiten. Selbst beim friedlichen Anblick der ruandischen Landschaft fällt es schwer, nicht an den Völkermord zu denken. Der Gedanke, sich in diesem Land, in dem es keinen Wald, keinen Busch oder unbesiedeltes Gebiet zu geben scheint, vor nahenden Mördern verstecken zu müssen, lässt es einem eiskalt den Rücken runterlaufen.

DAS LAND DER TAUSEND HÜGEL

KAMPALA, UGANDA 12. MAI [43163 KM]

Wir passieren die Grenze von Ruanda nach Uganda problemlos. Am Straßenrand hinter dem Grenzposten wechsle ich auf dem Schwarzmarkt Geld. In jedem Reiseführer dieser Welt steht: «Bargeld sollte man nie auf dem Schwarzmarkt tauschen, sondern immer nur in Banken oder offiziellen Wechselstuben.» Ganz Afrika bezahlt nach wie vor in bar. Abgesehen von den nordafrikanischen Ländern und Südafrika findet man aber nur selten funktionierende Geldautomaten.

Wir haben eine relativ große Menge Bargeld in Euro und US-Dollar an mehreren Stellen im Auto versteckt. Sicherheitshalber parken wir in den Städten immer auf bewachten Plätzen, auf dem Land sind Autoeinbrüche selten, und nachts schlafen wir meist im Dachzelt. Der Land Rover ist zudem an allen Türen mit schweren Vorhängeschlössern versehen, da die originalen Türschlösser blitzschnell mithilfe eines gewöhnlichen Schraubenziehers aufgebrochen werden könnten.

Weil der Geldwechsel in Banken sehr bürokratisch und zeitraubend sein kann, tausche ich mein Geld oft wie die Einheimischen, die Euro von ihren in Europa arbeitenden Verwandten zugeschickt bekommen, bei fliegenden Händlern auf dem Schwarzmarkt. Wenn man immer nur das tut, was der Reiseführer empfiehlt, kann eine Reise langweilig werden. Mir macht das Feilschen um den Wechselkurs Spaß, und man lernt immer ungewöhnliche Leute kennen. Dennoch sollte man hellwach sein, seinen eigenen Taschenrechner mitbringen, sich viel Zeit lassen und die fremden Geldscheine ganz genau zählen, bevor man die eigenen Dollar oder Euro aus der Hosentasche zieht.

Heute gerate ich allerdings an ein Schlitzohr. Der junge Mann bietet mir für meine 50 Euro 160 000 ugandische Schilling. Der Kurs ist akzeptabel, und ich willige ein. Als ich das mir noch unbekannte Geld zähle, summiert sich der Betrag auf 106 000 Schilling. Der Gauner hatte gehofft, dass ich die Nullen der sechs 1000 Schilling-Scheine nicht zähle. Wortlos gebe ich ihm das Geld zurück und schaue ihm in die Augen. Er grinst verlegen und verschwindet spurlos. Ein Amateur.

IDI AMIN MIT ORDEN UND MEDAILLEN: EINE WEITERE POSTKARTE AUS UGANDA FÜR MEINE MUTTER

EINE GEMÜTLICHE FLUSSFAHRT? NICHT AUF DEM VIKTORIA-NIL!

JINJA, UGANDA 13. MAI [43641 KM]

«ALL FORWARD!», schreit Jane. *«LEFT FORWARD! LEFT FORWARD!»* Und dann aus Leibeskräften: *«GET DOWN!»* Ich paddele um mein Leben. Dann kauere ich mich wie ein kleines Bündel auf den Boden und klammere mich mit all meiner Kraft an das leuchtend rote Schlauchboot. Ich war noch nie ein Anhänger von Extremsportarten. Bungee-Jumping? Paragliding? Alles nichts für mich. Doch ich habe mich von Chiho zu einer kleinen Bootstour auf dem Nil überreden lassen. Erst jetzt, da wird uns inmitten von Stromschnellen der Stärke fünf befinden – die Skala geht von eins bis sechs, wobei die Stufe sechs als selbstmörderisch gilt –, wird mir klar, worauf ich mich eingelassen habe. Ein heftiger Schlag schleudert mich aus dem Boot. Überall ist Wasser, ich verliere völlig die Orientierung und verschlucke eine größere Portion Nil. Ich tauche auf, und ein Paddel schlägt mir mit voller Wucht ins Gesicht. Dann bin ich wieder unter Wasser, werde von der starken Strömung umhergewirbelt. Wie eine lebende Boje tauche ich dank meiner Schwimmweste nach einer Weile wieder auf. Ich blicke mich besorgt nach Chiho um, doch die sitzt schon wieder grinsend im Boot. Nach und nach sammeln wir, insgesamt sind wir zu sechst, unsere Paddel ein und krabbeln einer nach dem anderen zurück ins Schlauchboot. Wir lachen uns wie kleine Kinder kaputt. Unsere Steuerfrau Jane, eine sympathische Südafrikanerin mit 20 Jahren Raftingerfahrung, heißt uns fröhlich an Bord willkommen, und wir paddeln wieder wie besessen nach ihren Kommandos. Rafting auf dem Viktoria-Nil ist vielleicht nicht das Intelligenteste, was man in Afrika tun kann, aber es macht ungeheuren Spaß.

GEPLÜNDERTE HÄUSER IM RIFT VALLEY. SOGAR DIE FENSTERRAHMEN WURDEN MITGENOMMEN.

NAIROBI, KENIA 22. MAI [44427 KM]

Klong, klong, klong, klong!!!! Plötzlich hört es sich an, als würde jemand mit kurzen, festen Schlägen auf den Unterboden unseres Fahrzeugs hämmern. Wir fahren bei Nacht durch das Rift Valley. Keine gute Idee, denn genau hier kämpfte und plünderte man vor wenigen Wochen noch. Normalerweise versuchen wir, immer bei Tageslicht zu fahren, aber der Zustand der Straßen war heute viel schlechter als erwartetet, und wir haben uns verspätet. Das Geräusch wird lauter und lauter, doch eine Reparatur am Straßenrand ist um diese Zeit einfach zu gefährlich. Der Weg liegt in völliger Dunkelheit. Seit Stunden sind wir keinem anderen Fahrzeug mehr begegnet. Endlich entdecken wir in der Ferne ein Licht und erreichen kurz darauf in der Nähe von Nakuru eine Lodge, in der wir campen können. Am nächsten Morgen stellt sich heraus, dass ein Kardanwellengelenk gebrochen ist. Ich baue die vordere Kardanwelle aus und aktiviere das zentrale Sperrdifferenzial. Lediglich mit Zweiradantrieb fahren wir die 160 Kilometer nach Nairobi, wo wir erleichtert im Jungle Junction, einem Gästehaus mit eigener Motorradwerkstatt eintreffen. Unser Land Rover zeigt ernst zu nehmende Ermüdungserscheinungen, und ich verbringe viele Tage mit Reparaturen. Das Jungle Junction ist einer der bekanntesten Overland-Treffpunkte Ostafrikas, und der deutsche Besitzer Chris Handschuh war früher Motorradmechaniker bei BMW. Mit meiner kaputten Kardanwelle schickt er mich zu einer Metallwerkstatt, die von indischstämmigen Sikhs betrieben wird und die mit modernen Fräsen, Hon- und Drehmaschinen ausgerüstet ist. Fachmännisch ersetzt ein Mitarbeiter alle vier Kardanwellengelenke. Zusätzlich erneuere ich das Motoröl und alle Achs- und Getriebeöle, tausche die Bremsbeläge und ersetze vorsichtshalber alle Radlager. Die Stoßdämpfer- und Achsgummis hinten sind wieder einmal ausgeschlagen, und ich ersetze auch sie mit neuen aus meiner großen Ersatzteilkiste. Diese ist neben der Werkzeugkiste das mit Abstand größte und schwerste Gepäckstück im Auto. Land Rover sind dafür bekannt, dass sie wartungsintensiv sind. Ölverschmiert und verschwitzt liege ich unter dem Auto. Chris kommt zu mir rüber, um zu sehen, wie es läuft, und um mir einen Witz zu erzählen: «Was ist der Unterschied zwischen einem Afrikaner und einem Land-Rover-Fahrer? – Ein Afrikaner hat weiße Handflächen!»

NAIROBI, KENIA 23. MAI [44 427 KM]

Im Gegensatz zu West- und Zentralafrika, wo wir nur sehr wenige Überlandreisende gesehen haben, treffen wir in Ostafrika regelmäßig andere Overlander. Meist sind es Europäer, vor allem Engländer, Holländer und Deutsche, aber immer wieder auch Kanadier, Australier und weiße Südafrikaner. Viele von ihnen sind mit dem Motorrad unterwegs, wobei man von betagten Honda XRV Africa Twin und Yamaha XT 600Z Ténéré bis hin zu nagelneuen BMW R 1200 GS und KTM 990 Adventure alles an Marken und Modellen antrifft. Allergrößte Hochachtung habe ich vor den Fahrradfahrern, die meist aus Europa stammen. Stets halte ich unterwegs an, um ihnen frisches Wasser oder etwas Essbares anzubieten. Im Vergleich zum spartanischen Leben im Einmannzelt der Zweiradfahrer ist das Reisen mit einem riesigen Camping-Lkw geradezu luxuriös. Wir treffen ausgeklügelt konstruierte Expeditionsmobile, die auf der Basis von imposanten Unimogs oder MAN-Allrad-Lkws aufgebaut sind. Nicht zu verwechseln sind diese individuell gestalteten Fahrzeuge mit *overland trucks* – robuste, spartanisch eingerichtete Busse, die größere Gruppen von meist jugendlichen Reisenden kreuz und quer durch Afrika transportieren. Diese Version des *overlanding* ist eine relativ günstige und abenteuerliche Art, Afrika zu erleben. Man ist aber stets an eine Gruppe

DIESER MANN BEHAUPTET FELSENFEST, EIN GROSS-GROSS-GROSS-COUSIN VON BARACK OBAMA ZU SEIN.

und einen festgelegten Zeitplan gebunden. Und schließlich sind da die Geländewagenfahrer wie wir.

Im Jungle Junction treffen wir Matt Thornington von der britischen Insel Jersey und Bonnie Wong aus Toronto. Sie haben einige Zeit in Kapstadt gelebt und fahren nun mit ihrem weißen Land Rover Defender 110 auf dem Landweg nach England. Neben ihnen campen Ronald und Malika, ein junges holländisches Paar, die mit ihrem seltenen, 30 Jahre alten Land Rover 109 Stage One unterwegs sind. Auch Thomas Horbasz ist hier. Er ist Ingenieur, kommt aus Köln und fährt mit seinem Toyota Land Cruiser HZJ78 ein Jahr lang durch Afrika. Das „Buschtaxi", wie dieser Typ Toyota genannt wird, ist neben dem Land Rover Defender eines der beliebtesten Overland-Fahrzeuge überhaupt. Andere übliche Geländewagen sind die robusten älteren Toyota der 60er- und 80er-Serie bis Baujahr 1997. Eher zu den Exoten gehören in Afrika die durchaus geeigneten Fahrzeugtypen Mercedes G, Land Rover Discovery, Range Rover, Nissan Patrol und der VW-Bus. Selbst ausrangierte Krankenwagen, Feuerwehr-Spritzenwagen, Fiat Pandas und Citroën-Enten sind in Afrika als Überlandfahrzeuge im Einsatz. Im Grunde ist es völlig egal, mit welchem Gefährt man eine Transafrikareise in Angriff nimmt. Wichtig ist, dass man sich mit dem eigenen Fahrzeug auskennt und nicht überrascht ist, wenn die Technik versagt. Denn so viel ist sicher: Früher oder später geht auf jeden Fall etwas kaputt.

CHRIS HANDSCHUHS JUNGLE JUNCTION IN NAIROBI

WIR DURCHQUEREN DEN SIBILOI-NATIONALPARK IN NORDKENIA UND ERREICHEN DEN SAGENUMWOBENEN TURKANASEE.

KOOBI FORA BASE CAMP, TURKANASEE, SIBILOI NATIONAL PARK, KENIA

28. MAI [45 427 KM]

Den Norden Kenias und den Süden Äthiopiens bereisen wir gemeinsam mit Matt, Bonnie und Thomas. Das Grenzgebiet gilt als gefährlich, immer wieder kommt es zu bewaffneten Konflikten zwischen den äthiopischen Dassenech und den kenianischen Turkana. Die Region ist so abgelegen, dass es nicht einmal einen offiziellen Grenzposten gibt. Wir mussten unseren kenianischen Zollstempel bereits in Nairobi besorgen. Mit drei Fahrzeugen fühlen wir uns sicherer als alleine. Abends campen wir in der Wildnis und machen ein großes Lagerfeuer, an dem wir bis spät in die Nacht sitzen und erzählen. Thomas versorgt alle mit kühlen Getränken aus seinem Kühlschrank, Matt und Bonnie steuern Dosenobst und andere Leckereien bei, und Chiho kocht für alle japanische Miso-Suppe.

Das Klima im Norden Kenias ist sehr trocken und die Vegetation karg, Bäume sind selten, Grasland überwiegt. Die Wege sind mehr als schlecht. Eine große Herausforderung: Nicht nur üble Schlaglöcher machen uns zu schaffen, sondern auch scharfkantiges Vulkangestein, das aus der Piste hervorsteht. An unserem Land Rover platzt ein Reifen, an Matts Defender bricht einer der hinteren Stoßdämpfer. Wir reparieren den Schaden und können bald weiterfahren. Plötzlich schimmert jadegrün eine endlose Wasserfläche: Wir haben unser Ziel erreicht, den legendären Turkanasee, der inmitten von schroffen Vulkanbergen in einer wüstenartigen Mondlandschaft liegt. Wir schlagen unser Camp auf und springen in den See. Das Wasser ist stark sodahaltig und fühlt sich auf der Haut eigenartig an, wie lauwarme Seifenlauge. Aber nach einem langen, heißen Reisetag sind wir dankbar für die Abkühlung.

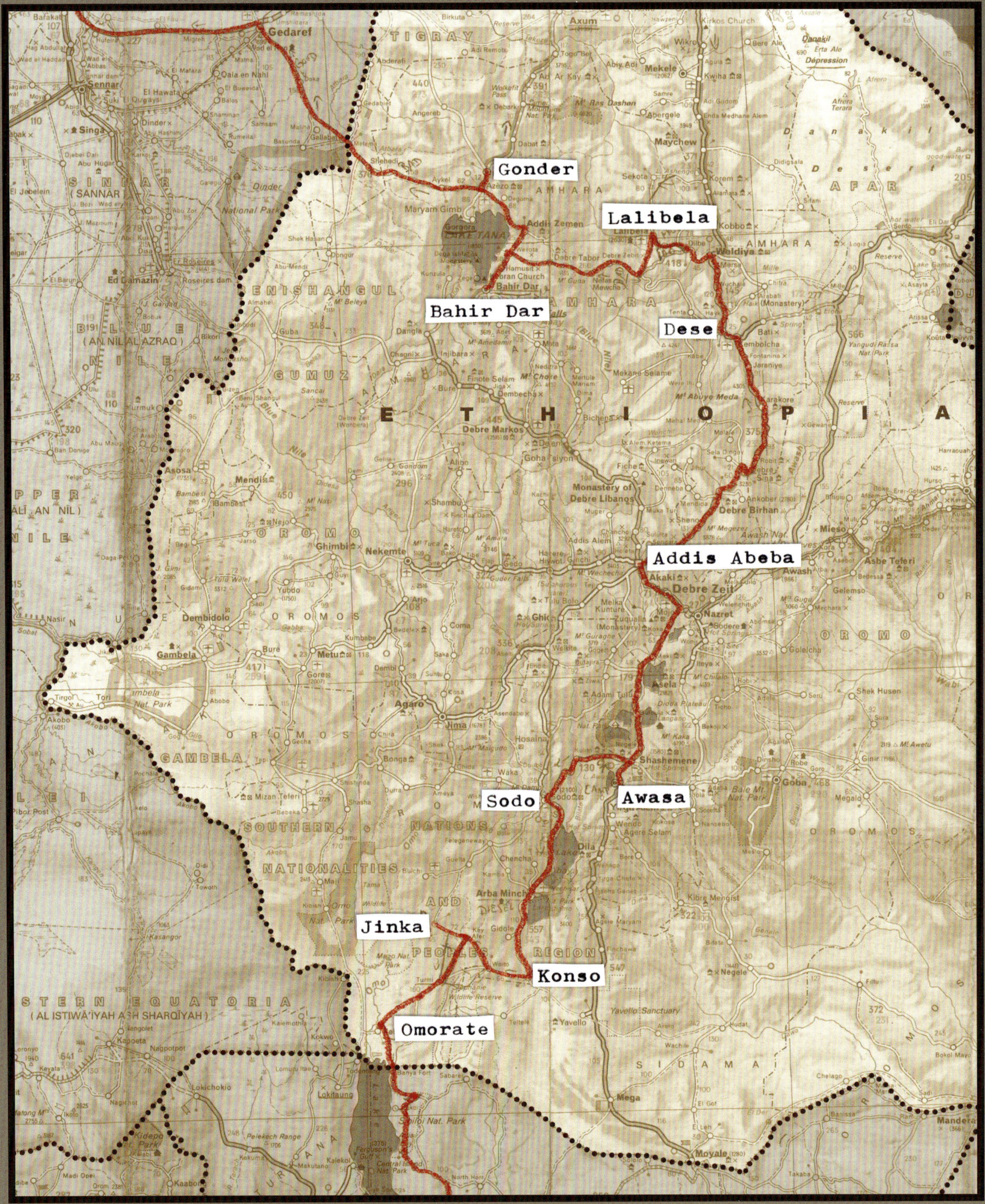

Gonder
Lalibela
Bahir Dar
Dese
ETHIOPIA
Addis Abeba
Awasa
Sodo
Jinka
Konso
Omorate

10 VON ENGELN UND TEUFELN

ÄTHIOPIEN

Die Äthiopier sind ein stolzes Volk. Zu Recht, denn wie keine andere afrikanische Nation haben sie es geschafft, sich über fast 3000 Jahre hinweg Angriffen und Kolonisierungsversuchen von außen zu widersetzen und ihre Freiheit zu bewahren. Immer wieder schlugen sie Osmanen, Araber und Europäer in die Flucht. Im Jahr 1896, während des ersten Italienisch-Äthiopischen Krieges, siegten sie in der Schlacht von Adua – ein historischer Sieg, der bis heute gefeiert wird. Erst 1935, als das faschistische Italien mit 200 000 Soldaten, Panzern und Flugzeugen erneut angriff und massiv Giftgas einsetzte, mussten sich die Äthiopier geschlagen geben. Die italienische Besatzung dauerte allerdings nur bis 1941. Danach war das Land wieder unabhängig und blieb es – eine Ausnahmerolle, die sich Äthiopien auf dem Kontinent mit Liberia teilt.

Schon Anfang des 4. Jahrhunderts verbreitete sich das Christentum in Äthiopien, und mit Armenien und Georgien zählt das Land zu den ältesten christlich geprägten Nationen. Obwohl Kirche und Staat heute offiziell getrennt sind, ist die äthiopisch-orthodoxe Kirche noch immer sehr einflussreich. Auch der Islam hat in Äthiopien eine lange Geschichte: Die ersten Muslime kamen schon zu Lebzeiten des Propheten Mohammed ins Land.

Der wohl bekannteste äthiopische Kaiser war auch der letzte: Haile Selassie. Nach dem Zweiten Weltkrieg versuchte er Äthiopien zu modernisieren, wurde aber 1974 gestürzt. Es folgte ein kommunistisches Regime unter dem Militärdiktator Mengistu Haile Mariam. Ihm wird eine Mitschuld an der verheerenden Hungersnot angelastet, die 1984/85 bis zu eine Million Opfer forderte. 1991 stürzte eine Allianz verschiedener Rebellengruppen unter Führung des späteren Ministerpräsident Meles Zenawi die Militärdiktatur.

Äthiopien steht bis heute mit seinen Nachbarstaaten Eritrea (Tigray) und Somalia (Ogaden) in Konflikt. Doch davon ist in der Hauptstadt Addis Abeba nichts zu spüren.

Im Zentrum der Stadt gehen wir in ein kleines Café. Der Laden ist zum Bersten voll mit jungen Leuten, die schick angezogen sind, Handys haben und in gemischten Gruppen zusammensitzen. Einige der Jungs tragen weite Jeans und Baseballkappen, als wären sie amerikanische Gangsta-Rapper. Wir kommen mit einer jungen Englischlehrerin ins Gespräch. Sie erzählt uns, dass sie umgerechnet 70 Euro im Monat verdiene. Eine Prepaid-SIM-Karte kostet allerdings 30 Euro, zehnmal so viel wie in Äthiopiens Nachbarländern. Wenn man sich mit diesen jungen, liberalen Städtern unterhält, ist es schwer vorstellbar, dass Äthiopien ein extrem konservatives Land ist, in dem zum Beispiel Homosexualität bestraft wird. Wie in den meisten afrikanischen Staaten liegt das Strafmaß für dieses „Vergehen" zwischen einem und zehn Jahren Gefängnis. Im Sudan, in Mauretanien und Nordnigeria wird Homosexualität sogar mit dem Tod bestraft. Für Europäer erschreckend ist auch, dass in Äthiopien die weibliche Genitalverstümmelung noch immer weitverbreitet ist. Zwar gilt sie offiziell als verboten, aber besonders außerhalb größerer Städte wird sie nach wie vor praktiziert. Auch in Dschibuti, Eritrea, Ägypten, Guinea, Mali, Sierra Leone, Somalia und im Sudan sind bis zu 90 Prozent der Frauen zwischen 15 und 49 Jahren beschnitten.

MARKT IN JINKA

JINKA, ÄTHIOPIEN 30. MAI [45810 KM]

Wir gehen in einem kleinen Restaurant essen und staunen nicht schlecht, als uns saures, weiches, schwammartiges Fladenbrot auf einem riesigen Blechteller serviert wird. Das Brot ist mit kleinen Portionen von zerstampften Bohnen und Linsen, Rührei und einer Art Fleischragout bedeckt. Dazu gibt es Dashen-Bier, Cola und später tiefschwarzen, frisch gerösteten äthiopischen Kaffee. Man isst mit den Fingern, wobei man kleine Stücke des Fladenbrots abreißt und wie einen Löffel benutzt.

Die äthiopische Küche unterscheidet sich stark von den Essgewohnheiten des übrigen Afrika. Grundnahrungsmittel bildet das Sauerteig-Fladenbrot *Injera*. Es wird aus *Teff* hergestellt, dem einheimischen äthiopischen Getreide. Da *Teff* nur unter bestimmten klimatischen Bedingungen gut gedeiht und etwas teurer ist als andere Getreidesorten, verbacken ärmere Menschen auch anderes Getreide. Dazu werden verschiedene Soßen und Ragouts, sogenannte Wot serviert, die es in vegetarischer und fleischhaltiger Ausführung gibt.

Es fällt uns zunächst schwer, uns an das fremdartige Essen zu gewöhnen. Doch nach einiger Zeit – und einer schlechten Erfahrung mit einem „äthiopischen Cheeseburger" – können wir gar nicht genug davon bekommen und essen mindestens einmal täglich *Injera*.

CHINESISCHES PLASTIKSCHUH-CHAOS: ENTWEDER MAN KAUFT ZWEI SCHUHE DER GLEICHEN GRÖSSE ODER ZWEI SCHUHE DER GLEICHEN FARBE. BEIDES HABEN ZU WOLLEN WÄRE VERMESSEN.

LALIBELA, ÄTHIOPIEN

8. JUNI [47510 KM]

In der Nacht hat jemand unseren Tankdeckel gestohlen. Matt bricht in schallendes Gelächter aus, als ich nach längerem Suchen in den Tiefen meiner Alukisten tatsächlich einen Ersatz-Tankdeckel finde. Er ist davon überzeugt, dass ich einen kompletten Land Rover an Ersatzteilen in meinem Fahrzeug verstaut habe. Ganz unrecht hat er nicht. Wir sind immer noch mit Matt und Bonnie unterwegs. Thomas ist in Addis Abeba, er wollte länger bleiben.

Äthiopien erinnert mich stark an Afghanistan. Beide Länder scheinen mit einer Zeitmaschine vom „dunklen Mittelalter" in die Neuzeit katapultiert worden zu sein. Hier wie dort wird die Landbevölkerung in Bezug auf Schulbildung und allgemeine Versorgung stark vernachlässigt. Mir fällt auch auf, wie ähnlich die tiefe, konservative Frömmigkeit den Alltag prägt.

Wir erreichen Lalibela und verabreden uns mit Mafiz, einem 26-jährigen Biologielehrer, der außerdem staatlich geprüfter Touristenführer ist – seine dunkelgrüne Uniform beweist es – und uns morgen die berühmten monolithischen Kirchen zeigen wird.

DIE KIRCHE DES HEILIGEN GEORG (BETE GIYORGIS) IN LALIBELA

41
KODAK 400NC-2
42

LALIBELA, ÄTHIOPIEN 9. JUNI [47510 KM]

Vor 820 Jahren hatte Kaiser Gebra Maskal Lalibela einen Traum: Gott erteilte ihm den Auftrag, ein neues Jerusalem zu bauen. In seiner Kindheit hatte Lalibela einige Zeit in Jerusalem gelebt, und so konnte er die Kirchen aus seiner Erinnerung nachbauen. Zur Unterstützung schickte ihm Gott mehrere Engel, so dass die elf Kirchen schon nach 23 Jahren fertiggestellt waren. So weit die Legende, die allerdings nur eine von vielen ist. Die wahre Entstehungsgeschichte der Kirchen von Kaiser Lalibela, der von 1167 bis 1207 lebte, ist erstaunlicherweise völlig unklar. Uns lässt der Besuch dieser Felsenkirchen den Atem anhalten. Und das nicht nur wegen der von Weihrauch und Bienenwachs schweren Luft im feuchtkühlen Inneren der Kirchen. Die riesigen Gebäude, die teilweise durch Tunnel miteinander verbunden sind, wurden im 12. und 13. Jahrhundert mit Hammer und Meißel von der Erdoberfläche aus senkrecht in die Tiefe gehauen. Die Gebäude mit ihren Säulen, Gewölben, Ornamenten, Nischen, Fenstern und Kreuzen sind Teil eines einzigen, riesigen Basaltfelsens, aus dem nach und nach, über viele Jahrzehnte hinweg, immer mehr Gestein herausgemeißelt wurde, bis eine Kirche entstand. Diese Vorgehensweise verzeiht keine Fehler, denn was einmal von dieser gigantischen Skulptur abgeschlagen wurde, kann nie wieder drangesetzt werden.

Obwohl heute viele Besucher an diesen Ort kommen, haben die Kirchen nichts von ihrer spirituellen Ausstrahlung verloren. Zahlreiche Pilger reisen aus ganz Äthiopien hierher. Wir sind dankbar für Mafiz' detaillierte Führung, die uns den Zauber dieses Ortes erst wirklich erleben lässt.

PRIESTER MIT ÄTHIOPISCHEM KREUZ IN EINER DER KIRCHEN VON LALIBELA

ቅዱስ፡ ኤፍሬምን፡ እንደባረከችው።

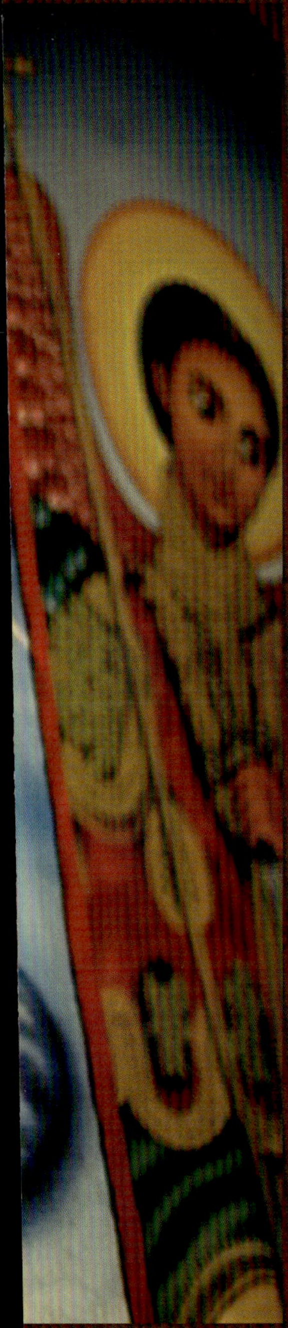

TANASEE, ÄTHIOPIEN 10. JUNI [47 839 KM]

«Give me you!» Die Kinder schreien wie besessen. *«You, you, you!»* Äthiopische Kinder sind wie Kinder überall. Laut. Übermütig. Rau. Liebenswert. Wenn es nur nicht immer so viele auf einmal wären!

Unsere Reise durch Äthiopien ist bisher relativ entspannt verlaufen. Anscheinend haben wir Glück, denn von anderen Overlandern hören wir Horrorgeschichten von Steine werfenden Jugendlichen und davon, dass Reisenden Ziegen vor das Auto geworfen werden, um Ersatzansprüche stellen zu können, wenn man diese überfährt.

Wir besuchen den Tanasee. Mit 1830 Metern über dem Meeresspiegel ist er Afrikas höchstgelegener See. Bei Bahir Dar geht er über in den Blauen Nil. Wir mieten ein Boot und lassen uns zu den christlichen Klöstern bringen, die auf den zahlreichen Inseln im See liegen. Einige von ihnen wurden bereits im 14. Jahrhundert erbaut. Das Wasser ist milchig grün und im Durchschnitt nur acht Meter tief.

Äthiopisch-orthodoxe Mönche zeigen uns gegen eine kleine Spende die erstaunlichen Rundkirchen, die das Herzstück jedes Klosters bilden. Die mit Stroh bedeckten, aus Stein oder Holz erbauten Kirchen sind innen mit religiösen Motiven ausgemalt. Manche Wandgemälde sind mehrere Hundert Jahre alt, andere nur wenige Monate jung. Die historischen wie die zeitgenössischen Gemälde ähneln sich stilistisch und zeigen Szenen aus der Bibel und der christlichen Mythologie. Ich erkenne den geflügelten Erzengel Gabriel, Maria, Jesus – alle mit goldenen Heiligenscheinen – und den Teufel höchstpersönlich mit seiner grimmigen Fratze. Die Dreifaltigkeit wird ungewöhnlicherweise durch Gott selbst dargestellt, der dreimal identisch als älterer Herr mit weißem Bart und Reichsapfel nebeneinander gemalt wurde. Die Tatsache, dass wir uns auf einer winzigen Insel inmitten eines afrikanischen Sees befinden, macht diesen Anblick fast schockierend. Diese Kirchenmalerei kommt uns so vertraut und westlich vor, dass sie auch von einem mittelalterlichen Altar in Deutschland stammen könnte.

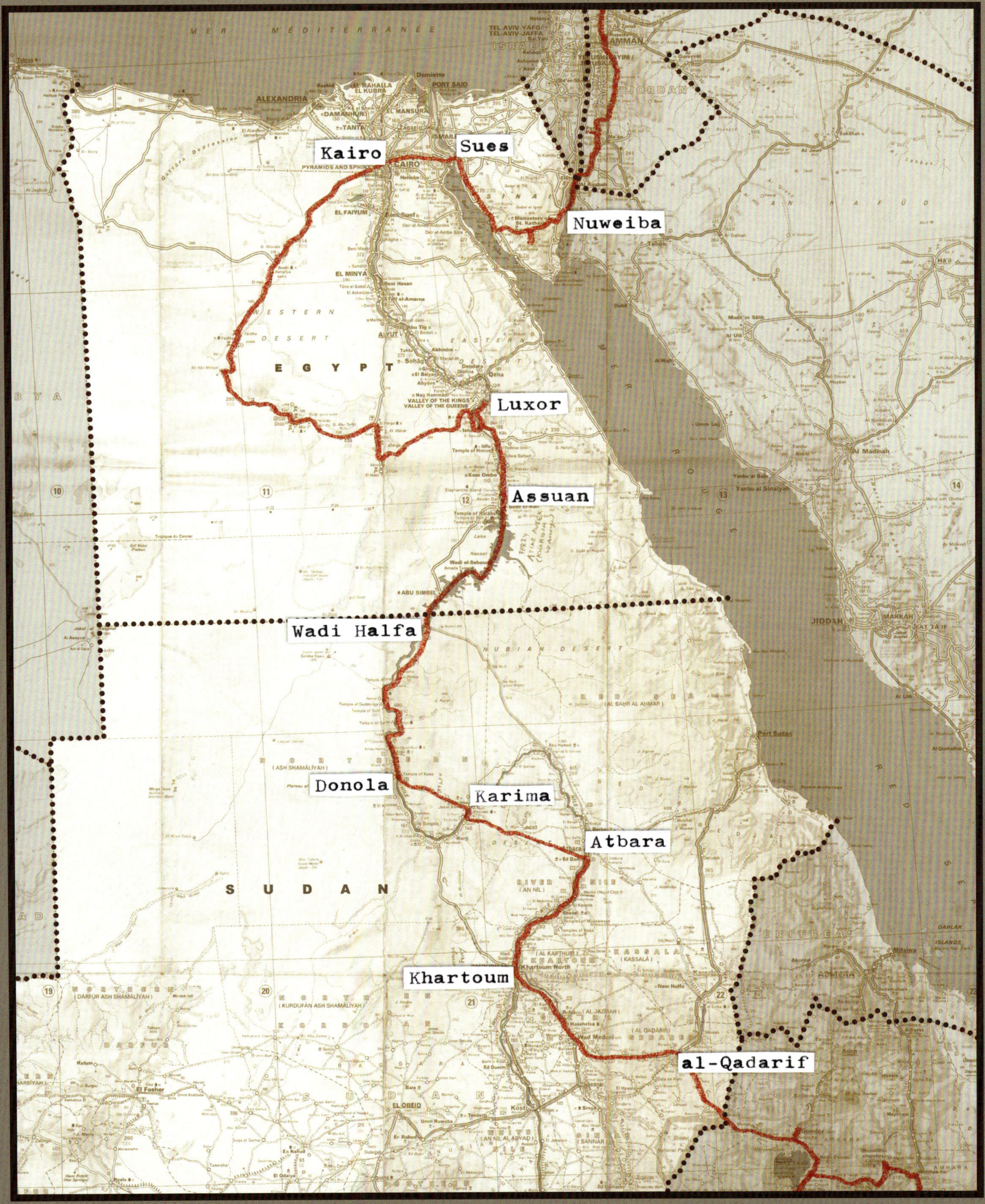
Kairo
Sues
Nuweiba
Luxor
Assuan
Wadi Halfa
Donola
Karima
Atbara
Khartoum
al-Qadarif
E G Y P T
S U D A N

11 DIE KATASTROPHE

SUDAN

«Your names are Krisstuff Banschart and Tschiehu Kitatschiema?» «Yes, Sir», sagen wir und versuchen, dabei nicht zu lachen. Der sudanesische Zöllner hat gerade unsere Einreisedokumente fertig ausgefüllt und liest nun laut unsere Namen vor, nachdem er sie in arabischer Schrift notiert hat. Diese Übertragung gelang auf phonetische Weise: Wir mussten unsere Namen ganz langsam einige Male laut wiederholen.

Meine letzte und bis dahin einzige Einreise in den Sudan war illegal. Ich war mit Rebellen der Sudan Liberation Army in Darfur unterwegs und gelangte in den Sudan, indem ich durch einen hüfttiefen Fluss watete, der die Grenze zum Tschad bildet. In Darfur fotografierte ich die Rebellen, verlassene Dörfer und Flüchtlinge. Faktisch ist der Bürgerkrieg, der Schätzungen zufolge 300 000 Menschen das Leben gekostet hat und 2,5 Millionen Sudanesen zu Vertriebenen machte, immer noch nicht beendet. Und das, obwohl gegen Sudans Präsident Omar al-Baschir ein Haftbefehl des Internationalen Strafgerichtshofs in Den Haag wegen Völkermords erlassen wurde. Omar al-Baschir regiert nicht nur mit harter Hand, sondern auch nach islamisch-fundamentalistischen Prinzipien. Es gilt die Gesetzgebung der Scharia. Aus dem Jahr 2010 wurden mehrere Fälle von Auspeitschungen bekannt. Unter anderem wurde eine Gruppe junger Frauen in Khartum ausgepeitscht, weil sie Hosen getragen hatten. Wir selbst kamen mit den strengen Gesetzen der Scharia nicht in Berührung – Chiho und Matt mussten allerdings auf ihr allabendliches Bier verzichten, denn der Konsum von Alkohol wird im Sudan mit dem gleichen Strafmaß geahndet wie das Tragen von Hosen.

ÄGYPTEN

«Don't worry!», ruft Kamal, als er bemerkt, dass ich heimlich versuche, den Sicherheitsgurt anzulegen. *«You don't need a seatbelt in Egypt!»* Er grinst und gibt noch ein bisschen mehr Gas. Immer, wenn jemand zu mir sagt, ich solle mir keine Sorgen machen, fange ich erst recht an, mir Sorgen zu machen. Kamal ist unser Taxifahrer und *fixer* hier in Assuan, wo wir in einem tagelangen Bürokratiemarathon von einer Behörde zur anderen rasen, um den Land Rover im Hafen auslösen zu können.

Afrikaner fahren wie die Henker. Fatalismus pur. Entweder geht es gut oder eben nicht. Jeder fährt so schnell er kann und noch ein bisschen schneller. Bis auf das Gewebe abgefahrene Reifen, Autos ohne Bremsen und ohne Licht, Lagerschäden an allen vier Rädern, bei jeder Linkskurve Benzingeruch im Innenraum und haarsträubende Überholmanöver sind in Afrika ganz normal. Pro Jahr sterben 230 000 Menschen im Straßenverkehr. 20 Prozent aller Verkehrsopfer weltweit sind Afrikaner, obwohl der Kontinent nur über zwei Prozent der weltweit betriebenen Fahrzeuge verfügt.

Auf schreckliche und traurige Weise erleben wir in Ägypten die Gefahren des Straßenverkehrs unmittelbar. In Bawiti, einem Dorf in der Oase Bahariya, läuft uns mitten im chaotischen Marktgeschehen ein kleines Kind vor das Auto. Obwohl ich extrem langsam fahre, wird es von unserem Fahrzeug erfasst. Eine Katastrophe. Ein Alptraum. Der Unfall ist der schwerste Moment unserer Reise, einer der schwersten meines Lebens.

Doch wir haben großes Glück. Die vierjährige Hanan erleidet zwar ein Schädelhirntrauma, erholt sich aber zu guter Letzt wieder von ihrer Verletzung.

IN DER NÄHE DER MEROE-PYRAMIDEN, SUDAN 18. JUNI [49210 KM]

Die Hitze erschlägt uns. Nach den kühlen Tagen und Nächten im Hochland von Äthiopien, wo wir abends Fleecejacken trugen, herrscht nun die flimmernde Hitze der Sahara. Die Temperatur klettert auf weit über 40 Grad, im Auto sogar auf 50 Grad. Selbst in der Nacht kühlt es nicht ab. Wir befinden uns in einer der heißesten Regionen der Erde, während der heißesten Zeit des Jahres. Besonders Matt macht die Hitze sehr zu schaffen, und wir sind uns nicht sicher, ob es an den Temperaturen liegt oder an den fast schon legendären Nebenwirkungen der Lariam-Malariatabletten, dass er eines Tages eine Schere nimmt und die Ärmel aller seiner T-Shirts abschneidet – das Medikament kann Verwirrtheit, Angstzustände, Depressionen, Psychosen und Halluzinationen verursachen. Er sieht nun eher aus wie ein Fußballhooligan, mit seinen „*Wifebeater*-Hemden“, aber er versichert uns, nicht ohne britische Selbstironie, dass ihm jetzt bei Weitem nicht mehr so heiß sei.

Wir campen in der Wüste, in der Nähe der Pyramiden von Meroe. Riesige, giftige Sahara-Skorpione krabbeln unter unserem Auto herum, und wir wechseln schnell und nicht ganz ohne Panik von Flipflops zu festem Schuhwerk. Am Nachmittag besichtigen wir die frei zugänglichen Pyramiden und sind von dem Anblick tief beeindruckt. Umgeben von Sanddünen, liegen vor uns bis zu 30 Meter hohe Steinpyramiden, die vor fast 2500 Jahren als Grabmale für die Herrscher des Reiches Kusch erbaut wurden. Insgesamt stehen dort verstreut an die 900 Pyramiden und Grabstätten. Sie sind das kulturelle Prunkstück des Nordsudans, dem früheren Nubien, einst Herrschaftsgebiet des antiken Reiches Kusch.

PYRAMIDEN AUF DEM NORDFRIEDHOF VON MEROE

52
KOD

AK 400NC-2
53
KODAK 400NC-2

KODAK 400NC-2
46
KODAK

WADI HALFA

KARIMA, SUDAN 19. JUNI [49588 KM]

In Karima fragen wir nach einem Fernseher und ernten ratlose Blicke. Heute spielt Deutschland gegen Portugal. Matt, Bonnie, Chiho und ich wollen das Spiel auf keinen Fall verpassen. In einer halben Stunde ist Anpfiff. Im örtlichen Gentlemen's Sports Club werden wir schließlich fündig. Vor der Eingangstür eines kahlen, blau angestrichenen Betongebäudes neben dem Sportplatz sehen wir einen Berg Flipflops und Sandalen. Wir ziehen unsere Schuhe aus und treten ein. 50 Männer und Jungs sehen uns mit großen Augen an. Um genau zu sein: Sie sehen Bonnie und Chiho mit großen Augen an. Es wird still im Raum. Endlich steht einer der älteren Männer auf, schüttelt uns herzlich die Hände und sagt: *«Ahlan wa sahlan!»* Willkommen! Wir bedanken uns und sagen: *«Ahlan bikum»*, die höfliche Antwort auf den arabischen Willkommensgruß. Wir werden in den hinteren Teil des Raumes gebeten und sitzen nun wie alle anderen auf Plastikmatten auf dem Boden und schauen gebannt auf den winzigen Fernseher. Das Spiel fängt gerade an. Der arabische Kommentar ist auf volle Lautstärke gedreht. Ab und zu schaut sich einer der Jungs verstohlen nach Bonnie und Chiho um – ich nehme an, dass die beiden die ersten weiblichen Besucher des Herren-Sportclubs von Karima sind und es auch für lange Zeit bleiben werden. Deutschland gewinnt 3:2.

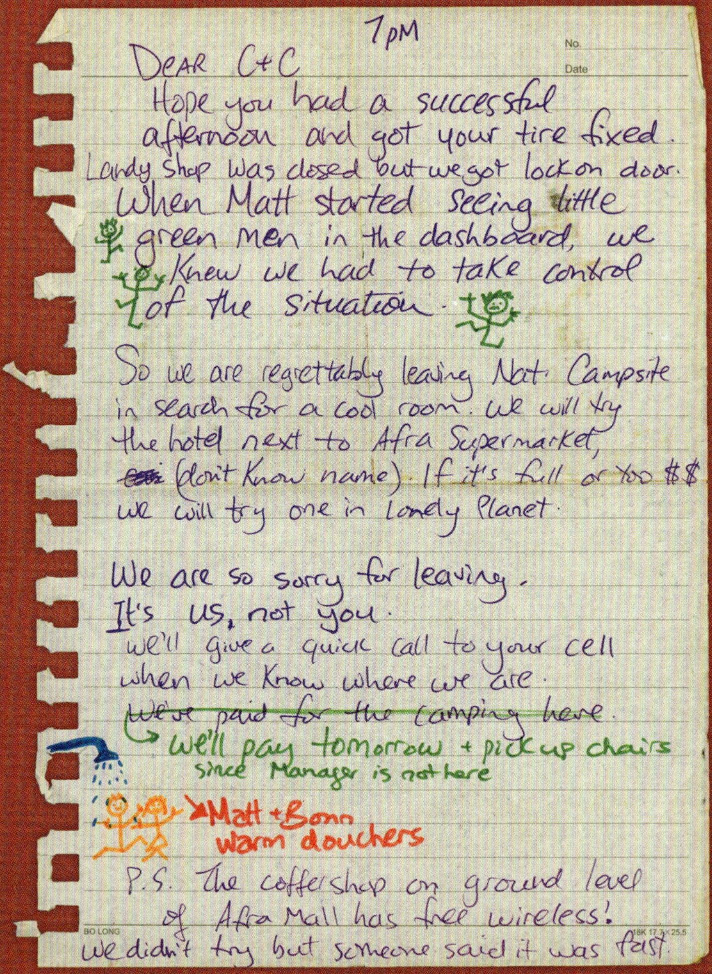

7pM

No.

Date

Dear C+C

Hope you had a successful afternoon and got your tire fixed.

Landy shop was closed but we got lock on door.

When Matt started seeing little green men in the dashboard, we knew we had to take control of the situation.

So we are regrettably leaving Nat. Campsite in search for a cool room. We will try the hotel next to Afra Supermarket, (don't know name). If it's full or too $$ we will try one in Lonely Planet.

We are so sorry for leaving.

It's us, not you.

We'll give a quick call to your cell when we know where we are.

~~We've paid for the camping here.~~

→ We'll pay tomorrow + pick up chairs since Manager is not here

Matt + Bonn warm douchers

P.S. The coffeshop on ground level of Afra Mall has free wireless! We didn't try but someone said it was fast.

BO LONG

ZWISCHEN WADI HALFA UND ASWAN, SUDAN 26. JUNI [50 263 KM]

Bonnies und Matts Land Rover fällt auseinander. Ein Stoßdämpfer ist defekt, ein Kardanwellengelenk gebrochen. Das größte Problem ist aber ein Kupplungsnehmerzylinder, der seinen Dienst quittiert hat. Matt fährt noch eine Weile ohne Kupplung: Er muss den zweiten oder dritten Gang einlegen und das Auto starten, das dabei einige widerwillige Kängurusprünge macht. Während der Fahrt kann er nicht mehr schalten oder anhalten, sonst geht der Motor aus. Nach einer Weile suchen wir uns einen ebenen Platz zum Campen in der Wüste und fangen an, das Auto zu reparieren. Selbst nach Einbruch der Dunkelheit ist es noch entsetzlich heiß. Leider ist es eine Legende, dass es in der Wüste tagsüber heiß und nachts eiskalt ist, zumindest zu dieser Jahreszeit. Wir bauen die vordere Kardanwelle aus, tauschen den Stoßdämpfer und versuchen, den Kupplungsnehmerzylinder zu reparieren, allerdings fehlt uns das passende Ersatzteil. Am nächsten Morgen funktioniert die Kupplung für einige Stunden, fällt dann aber wieder aus. Matt und Bonnie sind froh, als sie ohne Kupplung und nur mit Zweiradantrieb in Wadi Halfa eintreffen. Von diesem sudanesischen Grenzort werden wir uns und die Fahrzeuge nach Ägypten einschiffen.

Ich liege zusammengekrümmt in meiner Schiffskoje und schwitze. Seit Tagen plagt mich hohes Fieber. In einer kleinen Krankenstation in Wadi Halfa habe ich mich auf Malaria testen lassen. Das Ergebnis war negativ, doch es gibt viele tropische Krankheiten, und es scheint, dass mich eine davon voll erwischt hat. Wir reisen erster Klasse. Die Kabine ist schäbig, trotz des hohen Preises von 100 Euro. Die Bettlaken werden anscheinend nur einmal im Jahr gewechselt. Dennoch bin ich dankbar, dass ich nicht wie die anderen Passagiere draußen auf dem überfüllten Deck der *Sinai* schlafen muss. Die Fähre bildet die einzige Verbindung zwischen dem Sudan und Ägypten. Es gibt zwar auch eine Straße, aber sie für den Verkehr zu öffnen würde einen geradezu mafiösen Wirtschaftszweig auf beiden Seiten der Grenze ruinieren. Der Land Rover reist getrennt von uns auf einem Frachtkahn, denn die *Sinai,* ein alter, abgewirtschafteter Stahlkoloss, befördert ausschließlich Personen. Dieses Schiff schwimmt nur deshalb immer noch, weil es wegen des trockenen Wüstenklimas kaum rostet. Und so fährt die *Sinai* unzerstörbar jede Woche einmal von Aswan nach Wadi Halfa und zurück. Überladen, versifft und altersmüde. Ich schlafe ein und träume von Bilharziose, Elefantiasis und Denguefieber.

UNSERE TROPHÄE: DIE KARDANWELLE

KABINE NUMMER EINS AUF DER SINAI

UNSER ZIMMER IM NUBIAN OASIS HOTEL IN ASSUAN

LUXOR, ÄGYPTEN 30. JUNI [59586 KM]

Kulturschock. Assuan und Luxor sind vollgestopft mit europäischen Pauschaltouristen. Sie sind laut und betrunken, Frauen laufen in Bikini-Tops und Männer in Shorts und Muskelshirts herum. Sie präsentieren allen Anwesenden stolz ihre neuesten Totenkopf- und Steißbeintattoos. Man befummelt und küsst sich öffentlich. Dieses Verhalten ist angesichts der hiesigen konservativen, vom Islam geprägten Kultur eine einzige traurige Provokation.

Die Antwort auf solche Respektlosigkeiten der Ausländer sind eine skrupellose Abzocke und Belästigung durch die einheimischen Hotel-, Restaurant- und Ladenbesitzer. Auf Schritt und Tritt wird man von Schreihälsen und Gaunern drangsaliert, belagert und bedrängt. Man soll dies kaufen und sich das ansehen. *«Mai FRÄÄND! Luuk ät mai Schooob!»,* rufen sie wie im Chor. Nicht auszuhalten, eigentlich – ich frage mich, wie man hier Urlaub machen soll. Selbst beim Kauf einer Flasche Wasser oder einer Dose Cola an einem Kiosk müssen wir aufpassen, nicht übers Ohr gehauen zu werden. Auch nach dem Abschluss von langwierigen Verhandlungen zahlen wir immer noch etwa das Doppelte von dem, was die Einheimischen ausgeben.

Ein Lichtblick unserer Ägyptenreise hingegen sind die Besuche der archäologischen Stätten wie dem Totentempel der Hatschepsut in Deir el-Bahari und der Gräber im Tal der Könige. Auch mit unserem privaten Fremdenführer haben wir wieder Glück. Jusuf ist 26 Jahre alt und bietet uns eine professionelle, sympathische und hochgradig interessante Führung. Die Faszination, die von diesen antiken Orten ausgeht, können selbst die Massen an Touristen nicht schmälern.

← WIR SIND NICHT ALLEIN IM TAL DER KÖNIGE.

ÜBERNACHTUNGSPLATZ IN DER WEISSEN WÜSTE

WEISSE WÜSTE, ÄGYPTEN 2. JULI [51539 KM]

Stunde um Stunde fahren wir durch die Libysche Wüste, die hier in Ägypten auch Westliche Wüste genannt wird. Wir sind wieder alleine unterwegs. Matt und Bonnie sind bereits auf dem Weg nach Alexandria, wo sie eine Autofähre nach Venedig nehmen wollen. Letzte Nacht haben wir kaum geschlafen.

Eine Horde Flöhe oder Bettwanzen hatte sich in unserer Matratze im Dachzelt häuslich eingerichtet und machte uns die Nacht zur Qual. Kratzend und schwitzend wälzten wir uns hin und her. Erst als wir die Matratze großzügig mit einem Insektenspray namens Doom einsprühen, kehrt endlich Ruhe ein.

KAIRO, ÄGYPTEN 3. JULI [52060 KM]

Ich habe keine Chance. Sehr langsam, mit vielleicht 20 Stundenkilometern, fahren wir durch den belebten Markt von Bawiti, einem kleinen Dorf, etwa 370 Kilometer südwestlich von Kairo. Überall sind Leute, Autos parken rechts und links der Straße. Plötzlich ein furchtbares Geräusch. Als ob man eine Wassermelone auf den nackten Fußboden fallen lassen würde. Ich kann das Geräusch nicht einordnen, verstehe nicht, was passiert ist. Sofort halte ich an. Die Leute um uns herum schreien und zeigen unter unser Auto. Ein Mann zieht ein kleines Kind unter dem Fahrzeug hervor, direkt unter der Fahrertür. Er hebt das Kind in die Luft, doch es ist stumm und leblos. Mein Herz stoppt. Ich spüre, wie das Blut aus meinem Kopf und Oberkörper weicht, spüre, wie ich kreidebleich werde. In der Medizin nennt man das eine „akute Belastungsreaktion". Umgangssprachlich sagt man dazu: Schock. Ich vergrabe mein Gesicht in den Händen. Es kann nicht sein. Ich bin so langsam gefahren. Ich passe in Ortschaften immer gut auf. Habe ich zur Seite gesehen? Nicht schnell genug reagiert? Das Mädchen ist kleiner, als die Front meines Land Rovers hoch ist. Wäre es direkt vor dem Auto gestanden, ich hätte es nicht sehen können. Habe ich einen Menschen getötet? Einfach so, ohne es zu merken? Ist das größte denkbare Unglück wahr geworden? Das Kind kommt zu sich und fängt laut an zu schreien. Es lebt! Die Männer und Frauen, die aufgebracht zusammengelaufen sind, geben mir anscheinend keine Schuld. Nicht eine einzige Anschuldigung ist zu hören, kein

DIE PYRAMIDEN VON GIZEH SIND VIEL GRÖSSER, ALS WIR DACHTEN!
← WIR HABEN DEN LAND ROVER NUR ZUM GRÖSSENVERGLEICH DORT GEPARKT ...

CONTAINERSCHIFF AUF DEM SUEZKANAL

böses Wort. Einige Männer, die den Unfall gesehen haben, kommen zum Auto und sagen immer wieder: *«Misch muschkila!»* Kein Problem! Sie sagen, ich solle einfach weiterfahren.

Vielleicht ist mir das Kind direkt vor das Auto gelaufen. So muss es gewesen sein. Aber selbst wenn ich, zumindest der Reaktion der Zeugen nach, keine Schuld an dem Unfall habe, bleibt ein tiefes Schuldgefühl. Ich hätte das Kind sehen und reagieren müssen. Es gibt keine Entschuldigung. Mit einem knallgelben GMC-Taxi wird das Mädchen in ein kleines Krankenhaus in der Nähe gebracht. Wir fahren hinterher, und ich sehe, wie das Kind gerade in ein Untersuchungszimmer getragen wird. Nach endlosen Minuten des Wartens kommt ein junger Mann, anscheinend ein Verwandter, mit dem Kind auf dem Arm zusammen mit zwei weinenden Frauen aus dem Untersuchungszimmer. *«Misch muschkila!»*, sagt er, als er mich sieht. *«Misch muschkila!»*, sagt auch der Fahrer des gelben GMC-Taxis, der mich ins Krankenhaus begleitet hatte. Mir ist elend zumute, ich fühle mich leblos. Ich finde den Arzt, der das Mädchen untersucht hat. Er meint, bis auf eine Schürfwunde am Fuß sei alles in Ordnung. Ich kann es nicht glauben. Nach einem solchen Unfall! Das Kind ist bereits nach draußen getragen worden, und ich muss laufen, um die kleine Gruppe einzuholen. Der junge Mann, der das Mädchen trägt, versteht ein wenig Englisch, und ich schlage ihm vor, das Kind noch einmal gründlich untersuchen zu lassen. Ich versuche, ihm 200 US-Dollar für die Arztkosten zu geben. Er lehnt das Geld zunächst ab, doch ich bestehe darauf, und er nimmt es schließlich und gibt es einer der beiden Frauen. Die Gruppe steigt wieder in das gelbe GMC-Taxi und ist schon bald verschwunden. Ich gehe zurück zum Auto, wo Chiho auf mich wartet. Das Krankenhaus hat mich stark an das Yarmouk-Krankenhaus in Bagdad erinnert. Dieselben kahlen, gekachelten Räume, verschleierte Krankenschwestern, überarbeitete, unrasierte Ärzte. Ich habe schon so viel Horror in solchen Räumen gesehen, doch heute war es anders. Denn heute war ich der Auslöser für Leid und Schmerz.

In der Aufregung habe ich nicht daran gedacht, die Telefonnummer der Familie aufzuschreiben oder meine zu hinterlassen. Ich werde nie erfahren, ob es dem Kind gut geht oder nicht. Eine schwere Last. Wir reden kaum im Auto. Wie in einer Endlosschleife sehe ich immer wieder den Moment vor mir, als der Mann das kleine Mädchen unter meinem Auto hervorzieht. Welch eine Niederlage das Leben sein kann.

Istanbul
ZONGULDAK
SAMSUN
BURSA
BALIKESIR
ESKISEHIR
ANKARA
KIRIKKALE
SIVAS
KÜTAHYA
T U R K E Y
USAK
Göreme
KAYSERI
ISMIR
Pamukkale
ELAZIG
AYDIN
MALATYA
Ephesos
DENIZLI
Konya
KAHRAMANMARAS
Antalya
GAZIANTEP
URFA
TARSUS
Adana
MERSIN
Aleppo
CYPRUS
LATAKIA
S Y R I A
HAMAH
HOMS
TRIPOLI
BEIRUT
LEBANON
Damaskus
HAIFA
ISRAEL
Jerash
TEL AVIV
Amman
ALEXANDRIA
PORT SAID
GAZA
JERUSALEM
HEBRON
BE'ER SHEVA
ISMAILIA
Petra
JORDAN
CAIRO
SUEZ
EGYPT
EL FAIYUM
Akaba

12 NICHTS WÄHRT EWIG

JORDANIEN

Es fühlte sich eigenartig an, mit Chiho durch Amman zu fahren. Oft war ich in den Jahren davor alleine dort gewesen, denn Jordanien war für Journalisten lange Zeit das Transitland auf dem Weg in den Irak. Amman empfand ich immer als eine Art Vorhölle. Hier mussten meine Kollegen und ich unsere irakischen Visa beantragen, um dann tagelang auszuharren. Man hatte viel zu viel Zeit, über den tieferen Sinn und die Notwendigkeit der anstehenden Reise nachzudenken. Wir fuhren am Hotel Carlton vorbei, in dem mittlerweile Büros untergebracht waren. Dort hatte ich Tage damit verbracht, nervös und voller Zweifel in meinem schäbigen Zimmer auf und ab zu gehen. Eines Tages werde ich mit Chiho in den Irak reisen. Irgendwann, wenn der Krieg zu Ende ist, werden wir mit alten Freunden in Bagdad Tee trinken.

SYRIEN

Baschar al-Assad war in Syrien allgegenwärtig. Von Postern, gerahmten Bildern und Leinwänden lächelte er uns entgegen. Mal in Uniform mit Sonnenbrille, mal im Anzug und mit Krawatte. Nichts deutete jedoch darauf hin, dass Syrien wenige Jahre nach unserer Reise in einem brutalen Bürgerkrieg versinken sollte. Denn auch im benachbarten Jordanien waren die Bilder König Abdullahs II. omnipräsent gewesen, genau wie die von Hosni Mubarak in Ägypten. Der arabische Frühling, der die Region in Aufruhr versetzt hat, war noch fern. Baschar al-Assad saß fest im Sattel, seit er nach dem Tod seines Vaters Hafiz al-Assad im Jahr 2000 das Präsidentenamt geerbt hatte. Hafiz al-Assad hatte das Land mithilfe der syrischen Baath-Partei nach einem Putsch fast 30 Jahre lang diktatorisch regiert. Sein Sohn entpuppte sich nach anfänglichen Reformversuchen als ein nicht weniger despotisches Staatoberhaupt.

Wir übernachteten auf einem Campingplatz außerhalb von Aleppo namens Camping Kaddour. Heute wäre das ziemlich gefährlich, denn dieses Gebiet ist zum Kriegsschauplatz geworden. Oft ist es nicht entscheidend, wo man hinreist, sondern zu welchem Zeitpunkt man dort ist. So führte zum Beispiel in den 1970er Jahren der Hippietrail mitten durch Afghanistan. Kabul war eine der wichtigsten Destinationen für europäische Überlandreisende auf dem Weg nach Indien. Zur selben Zeit war auch der Irak ein beliebtes Reiseland. In den 1980er Jahren fuhr halb Europa nach Jugoslawien in die Ferien, und die Olympischen Winterspiele von 1984 wurden in Sarajevo ausgetragen. Hätte man zu dieser Zeit den Reisenden erzählt, dass dieses Land wenig später in Gewalt und Krieg versinken würde, niemand hätte es geglaubt.

TÜRKEI

Die Türkei war für uns weit mehr als ein Transitland auf dem Weg nach Hause. Im Vergleich zu den afrikanischen Ländern war die Türkei mit ihrer guten Infrastruktur so einfach zu bereisen, dass wir es fast als Belohnung empfanden, die letzten Tage unterwegs hier zu verbringen. Saubere, gepflegte Campingplätze und hervorragendes, günstiges Essen – wir waren begeistert. Dazu kam der kulturelle Reichtum, den wir bei der Besichtigung der griechischen und römischen Städte der Antike wie Hierapolis, Ephesos und Pergamon genossen.

DAS KHAZNE AL-FIRAUN IN PETRA — DAS „SCHATZHAUS DES PHARAO" — WAR EIN FELSENGRAB.

WADI MUSA, BEI PETRA, JORDANIEN

9. JULI [52 938 KM]

Wir besuchen Petra, die antike Hauptstadt der Nabatäer. Das mysteriöse Tropenfieber, das mich im Sudan und in Ägypten so geplagt hatte, bin ich endlich los. Heute fühle ich mich wieder so fit, dass wir den ganzen Tag durch das weitläufige Areal mit seinen Tempeln, Felsengräbern und engen Schluchten wandern können. Noch nie haben wir etwas Vergleichbares gesehen. Außer vielleicht in Steven Spielbergs Film „Indiana Jones und der letzte Kreuzzug", der hier in Petra gedreht wurde.

AKABA, JORDANIEN 7. JULI [52 761 KM]

Endspurt. Mehr und mehr fühlt sich unsere Fahrt wie eine Heimreise an. Als wir am anderen Ende des Straßentunnels, der unter dem Suezkanal hindurchführt, wieder ans Tageslicht kommen, sind wir zwar noch immer in Ägypten, aber den afrikanischen Kontinent haben wir hinter uns gelassen. Wir durchqueren die Sinaihalbinsel, machen einen kurzen Abstecher zum Katharinenkloster am Fuß des Berges Sinai und nehmen dann eine Autofähre von Nuweiba in Ägypten nach Akaba in Jordanien. Dadurch umgehen wir die nur schwer passierbare Grenze zu Israel. In Akaba geht etwas ganz Entscheidendes zu Ende: unsere Straßenkarte. Die drei legendären Michelinkarten mit den Nummern 741, 745 und 746 decken den gesamten afrikanischen Kontinent ab und sind ein unentbehrlicher Begleiter auf jeder Afrikareise. Landkarten sind wie alles von Menschenhand Gemachte nur ein Abbild, eine Interpretation der Realität. Was wäre, wenn Form und Lage der Kontinente gar nicht so wären, wie die Karten es uns vorgaukeln? Würden wir es überhaupt merken? Nachdem wir allerdings fast den gesamten Umriss Afrikas auf unseren mittlerweile völlig zerfledderten Karten abgefahren sind, stellen wir fest, dass der Kontinent ziemlich korrekt dargestellt ist. Abbild und Realität stimmen – zumindest bei Michelinkarten – überein.

ICH TESTE DIE AKUSTIK DES NORD-THEATERS. DIE ANTIKE STADT GERASA LIEGT DIREKT NEBEN JERASH UND IST EINE DER AM BESTEN ERHALTENEN RÖMISCHEN STÄDTE DES NAHEN OSTENS.

DER CARDO MAXIMUS, DIE HAUPTACHSE DER STADT, WIRD VON SÄULEN GESÄUMT UND FÜHRT ZU EINEM OVALEN FORUM, DEM MARKTPLATZ VON GERASA.

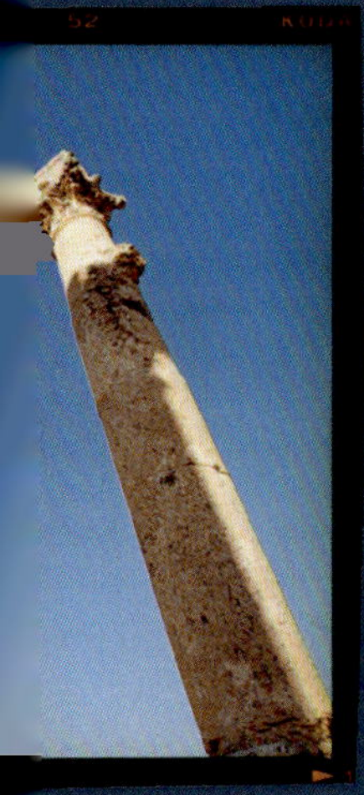

IM SOUK AL-HAMIDIYA

DAMASKUS, SYRIEN 11. JULI [53 560 KM]

Wir verbringen einen sehr erfüllten Tag in Damaskus. Chiho besucht zum ersten Mal in ihrem Leben eine Moschee, nicht irgendeine, sondern gleich eine der bedeutendsten und ältesten der Welt, die Umayyaden-Moschee. In vorislamischer Zeit wurde sie als eine Johannes dem Täufer geweihte Kathedrale errichtet und vom Kalifen Al-Walid im Jahre 705 n. Chr. als Moschee neu erbaut. In ihr befindet sich ein Schrein, den Christen wie Muslime gleichermaßen verehren, in ihm soll der Kopf von Johannes dem Täufer liegen. 2001 betete Papst Johannes Paul II. an diesem Schrein. Es war der erste Besuch eines Papstes in einer Moschee. Wir schlendern durch den überdachten Suq al-Hamidiya, den bekanntesten Markt der Stadt, und es fällt uns nicht schwer, uns vorzustellen, dass Damaskus eine der ältesten Städte der Welt ist und seit über 4000 Jahren kontinuierlich bewohnt wird.

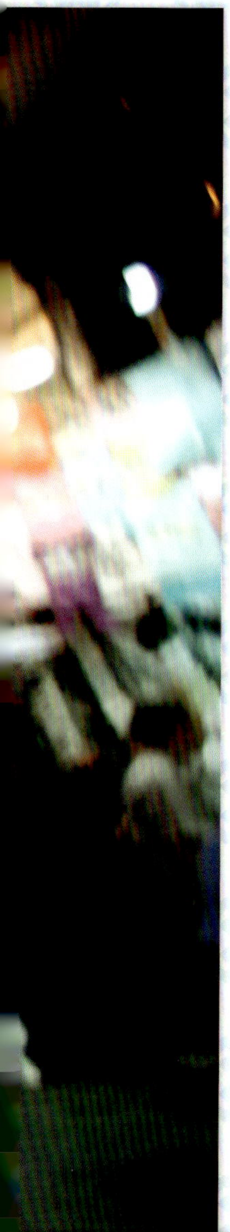

DIE SCHIITISCHE SAYYIDAH-RUQAYYA-MOSCHEE WURDE 1985 IM IRANISCHEN STIL ERBAUT UND REICH MIT GOLD UND SPIEGELN VERZIERT.

WIR LASSEN UNS VOR DER UMAYYADEN-MOSCHEE FOTOGRAFIEREN. CHIHO TRÄGT EINE GRAUE MIET-ABAYA, EINE DEN GANZEN KÖRPER BEDECKENDE ROBE, UND IHR ÄTHIOPISCHER SCHAL DIENT ALS HIJAB, ALS KOPFTUCH.

BASCHAR AL-ASSAD

DAMASKUS, SYRIEN 12. JULI [53 560 KM]

In Damaskus checke ich in einem Internetcafé meine E-Mails. Es gibt schlechte Nachrichten aus Ägypten. Auf der Suche nach dem kleinen Mädchen, das ich im Dorf Bawiti angefahren hatte, stieß ich durch Zufall auf das International Hot Spring Hotel, das von einem Deutschen in Bawiti betrieben wird. Peter Wirth lebt mit seiner japanischen Frau Miharu Shimazaki seit vielen Jahren dort, und die beiden arbeiten ehrenamtlich als Vertrauenspersonen für die deutsche und die japanische Botschaft. Und genau das ist es, was Peter Wirth über die letzten Tage und Wochen für mich geworden ist: eine Person, der ich vertraue. In meinem Auftrag findet er die Kleine und spricht mit den Eltern. Sie heißt Hanan und ist vier Jahre alt. Ich bin sehr erleichtert zu hören, dass mir die Eltern nicht die Schuld an dem Unfall geben. Die weiteren Untersuchungen haben ergeben, dass die kleine Hanan eine schwere Gehirnerschütterung mit einer Schwellung des Gehirns erlitten hatte und in einer Spezialklinik behandelt werden musste. Jetzt ist sie auf dem Weg der Besserung, und die Ärzte meinen, dass sie wieder völlig gesund werden wird. Die Familie musste die Krankenhauskosten selbst bezahlen und sich dafür verschulden. Ich überweise Peter Wirth das Geld für die Behandlungskosten, und er überreicht es schnell und unbürokratisch, aber gegen Quittung und vor Zeugen den Eltern. Ich kann Peter Wirth gar nicht genug danken für das, was er für mich getan hat. Seine professionelle und selbstlose Hilfe bedeutet eine riesige Erleichterung für mich. So findet ein bedrückendes Kapitel doch ein glückliches Ende.

IM KELLERGEWÖLBE

DAS KRAK DES CHEVALIERS

KRAK DES CHEVALIERS, SYRIEN 13. JULI [53 776 KM]

Chiho und ich sitzen auf unseren Campingstühlen und sehen uns wie jeden Abend die Sterne an. Wir campen direkt neben dem Krak des Chevaliers, einer imposanten Kreuzritterburg aus dem 12. Jahrhundert. Die Nacht ist mondlos, der Himmel völlig klar. Wir vergessen immer, wie unbedeutend wir sind. Ob wir leben oder sterben, ob wir glücklich sind oder traurig, ob wir ein erfülltes Leben führen oder ein langweiliges. Es ist eigentlich ziemlich egal. Das Universum bleibt gleichgültig gegenüber dem, was wir als Einzelne oder als Gesamtheit tun. Wir werden geboren, und wir sterben. Unser Leben dauert den Bruchteil eines Wimpernschlags der Zeit, und unsere einzige Chance ist dieser kurze Moment, dieses eine Leben. Wir sollten versuchen, das Beste daraus zu machen, sollten versuchen, etwas zu hinterlassen. Etwas Unsterbliches. Eine Idee. Einen Kommentar. Eine Geschichte oder ein Bild. Ein Zeugnis unserer Existenz auf diesem winzigen Planeten.

GÖREME, TÜRKEI 15. JULI [54 644 KM]

Wir reisen viel zu schnell. Gestern waren wir noch in Aleppo, heute übernachten wir in Göreme, und morgen erreichen wir schon Antalya. Doch wir haben keine Wahl, denn wir wollen unsere eigene Hochzeit nicht verpassen! Am 8. August heiraten wir im Standesamt in Daun. Die Einladungen hatte ich vor einigen Wochen aus Khartoum im Sudan verschickt. Der Stress, der durch den Zeitdruck entsteht, mündet heute sogar in einen Streit. Ich bin ein sehr ungeduldiger Mensch. Alles muss immer genau so ablaufen, wie ich es mir vorstelle. Regelmäßig kommt es auf unserer Reise zu Auseinandersetzungen. Eigentlich geht es immer um Banalitäten. Auch heute ist es so. Es geht um eine SIM-Karte, die Chiho bezahlt hat, auf die wir aber länger warten müssen, da sie erst aus einem anderen Laden geholt wird. Eine Lappalie. Zurück im Auto, werfe ich ihr vor, dass sie dem Kauf nicht hätte zustimmen sollen, da die SIM-Karte nicht im Laden war. Der Streit eskaliert hoffnungslos, und Chiho wird so sauer, dass sie mit der Faust heftig gegen das Innere der Fahrzeugtür schlägt. Daraufhin halte ich an, sage ihr, sie solle aussteigen, und fahre ohne sie davon. Ich umrunde den Häuserblock, halte bei ihr an, und sie steigt wortlos wieder ein. Eine Stunde lang fahren wir schweigend durch die Türkei. Dann folgt eine lange Aussprache, wir entschuldigen uns gegenseitig und vertragen uns wieder. Die Reise geht weiter. Am Abend lachen wir uns über unser eigenartiges Verhalten kaputt.

AB DEM 4. JAHRHUNDERT BAUTEN FRÜHE CHRISTEN BEI GÖREME EINE UNSICHTBARE STADT FÜR 10000 BEWOHNER: KIRCHEN, SCHLAFRÄUME, KÜCHEN UND TIERSTÄLLE WURDEN HIER IN DEN WEICHEN TUFFSTEIN GESCHLAGEN.

DIE SINTERTERRASSEN VON PAMUKKALE →

PAMUKKALE, TÜRKEI 17. JULI [55510 KM]

Den ganzen Nachmittag über klettern wir auf den Sinterterrassen von Pamukkale herum. Ein schönes Erlebnis, da die Terrassen mittlerweile wieder schneeweiß strahlen. Als ich in den 1990er Jahren das letzte Mal hier war, hatten sie wegen Verschmutzung ihren Glanz verloren.

Chiho und ich sind sehr glücklich miteinander. Eine großartige, intensive Zeit geht langsam zu Ende. In den kommenden Wochen erwartet uns erst die Hochzeit in Daun, dann die traditionelle Hochzeit in Japan. Meine Eltern bereiten schon seit Wochen den Polterabend und das Fest vor. Chihos Familie reist aus Japan an, und wir erwarten Freunde und Verwandte aus ganz Deutschland. Sogar Mathijs, mein holländischer Reisekollege aus Angola, wird dabei sein. Nach den Feierlichkeiten geht es zurück nach New York, wo wir uns auf Berge von Arbeit stürzen werden. Was immer in den nächsten Monaten und Jahren geschieht, unsere Reiseerlebnisse werden bleiben. Diese Afrikareise wird für immer in uns leben. Sie hat uns verändert – zum Besseren. Wir haben nicht nur einen eigenen, wenn auch manchmal flüchtigen Eindruck von Afrika bekommen, sondern haben uns gleichzeitig selbst neu entdeckt, als Individuen, aber auch als Paar. Nach den Jahren des ewig hektischen Hin und Her und meiner ständigen Abwesenheit war es für uns wichtig, längere Zeit am Stück miteinander zu verbringen. Wir haben festgestellt, dass wir eine viel tiefere Verbundenheit zueinander empfinden, als wir es für möglich gehalten hatten. Wir besaßen einen großen Schatz, einen unendlichen Reichtum, ohne dass es uns bewusst war. Erst die Reise hat diesen verborgenen Schatz zutage gefördert. Liebe ist ein großes Wort, und darüber zu schreiben fällt mir nicht leicht. Doch wenn ich ehrlich bin, ist es genau das, was uns passiert ist: Wir haben uns verliebt.

DIE CELSUS-BIBLIOTHEK DES ANTIKEN EPHESOS

EDREMIT, TÜRKEI 19. JULI [56031 KM]

Wir campen auf einem richtigen Campingplatz direkt am Mittelmeer. Chiho ist die einzige Nichtdeutsche hier. Wir sind die jüngsten Gäste. Die älteren Herrschaften aus Bergheim, München und Lippstadt sind alle braun gebrannt, etwas übergewichtig und von morgens bis abends ausschließlich in Badekluft anzutreffen. Lauthals wird vor dem Wohnwagen Doppelkopf und Skat gespielt. Die Toiletten sind blitzblank. Die Szene gleicht erschreckend der in Spanien vor fast 14 Monaten. So schließt sich der Kreis. Die Türkei erscheint uns im Vergleich mit Afrika furchtbar teuer. 15 Euro kostet der Campingplatz für zwei Personen im Zelt. Die Tage der Drei-Euro-Übernachtungen sind nun vorbei.

ISTANBUL, TÜRKEI 20. JULI [56592 KM]

Istanbul ist eine meiner Lieblingsstädte. Vor zehn Jahren war ich zum ersten Mal hier, als ich ausgerüstet mit einem Rucksack, Interrailticket und viel jugendlichem Freiheitsdrang als Teenager durch Südeuropa reiste. Ich erinnere mich daran, wie ich auf der Dachterrasse einer Istanbuler Jugendherberge zum ersten Mal in meinem Leben den Ruf des Muezzins gehört habe.

Wir besuchen die Hagia Sophia, die Sultan-Ahmed-Moschee, auch Blaue Moschee genannt, den Topkapı-Palast, den Kapalı Çarsı, den Großen Basar, und schauen den Anglern auf der Galatabrücke zu. Uns stört es nicht im Geringsten, dass wir nicht die Einzigen sind, die sich diese Attraktionen ansehen. Es gibt Reisende, die nur „abseits der ausgetretenen Touristenpfade“ unterwegs sind und das wahre, authentische Afrika oder Vorderasien suchen. Authentizität wird dabei oft mit Rückständigkeit, Exotik oder Exklusivität verwechselt. Authentisch wird es dann, wenn das Erlebnis mit der Realität, mit dem echten Leben der Menschen vor Ort im Einklang ist, wie immer das aussieht. Wenn man zu sehr auf „Geheimtipps“ fixiert ist und nur das macht, was alle anderen Reisenden *nicht* machen, kann es gut passieren, dass man die eindrucksvollsten Ziele verpasst. Wie könnte man denn nach Istanbul reisen, ohne sich die Hagia Sophia von innen anzusehen? Oder nach Jordanien, ohne Petra zu besuchen? Ägypten ohne die Pyramiden von Gizeh? Äthiopien ohne die Kirchen von Lalibela? Tansania ohne die Serengeti? Sambia und Simbabwe ohne die Viktoriafälle? Dies sind alles Orte, die zwar völlig überlaufen sind, die aber dennoch keinesfalls enttäuschen. Man kann sich vielmehr glücklich schätzen, sie einmal im Leben mit eigenen Augen sehen zu dürfen.

DIE KUPPEL DER ISTANBULER SULTAN-AHMED-MOSCHEE

VERREGNETE AUTOBAHNEN, „ROMANTIKHOTELS" UND TIEFGARAGEN: WILLKOMMEN IN EUROPA!

SLAVONSKI BROD, KROATIEN 23. JULI [57852 KM]

Fahren. Fahren. Fahren. Es regnet ohne Unterlass. Stunde um Stunde verbringen wir auf der eintönigen Autobahn. Europa ist erschreckend grün! Seit Langem sehen wir wieder Laubwälder und saftige Wiesen mit Holsteiner Kühen. Wir übernachten auf Fernfahrerrastplätzen und in eigenartigen osteuropäischen Hotels. Wir kommen gut voran, aber die Fahrerei ist langweilig. Es gibt weit und breit keine Schlaglöcher, über die Fahrbahn laufen keine Ziegen oder Esel. Keine betrunkenen, suizidalen Busfahrer, die mit 120 Sachen laut hupend in einer Rechtskurve links überholen. Es gibt zwar beachtlich viele Fahrzeuge, aber alle halten sich eher mehr als weniger an die Verkehrsregeln. Das ist natürlich eigentlich angenehm. Aber irgendwie vermisse ich jetzt schon das Chaos.

Von Istanbul aus waren wir quer durch Bulgarien und Serbien gefahren. Jetzt sind wir in Kroatien, und morgen geht es über Slowenien und Österreich nach Deutschland.

Wir verbringen die letzten Nächte in unserem Dachzelt. Es wird uns schwerfallen, uns wieder an das normale Leben zu gewöhnen. In einem richtigen Bett zu schlafen. Gewohntes Essen. Wasser, das man direkt aus der Leitung trinken kann. Die eigene Toilette. Die Umstellung wird groß sein. Ich freue mich auf zu Hause. Die Eifel ist schön im Sommer. Die Felder sind goldgelb, und man kann herrlich in den Maarseen baden. Klare, harte Luft. Regen. Heuschnupfen. Sommer zu Hause eben.

GRENZÜBERGANG ZWISCHEN BULGARIEN UND SERBIEN

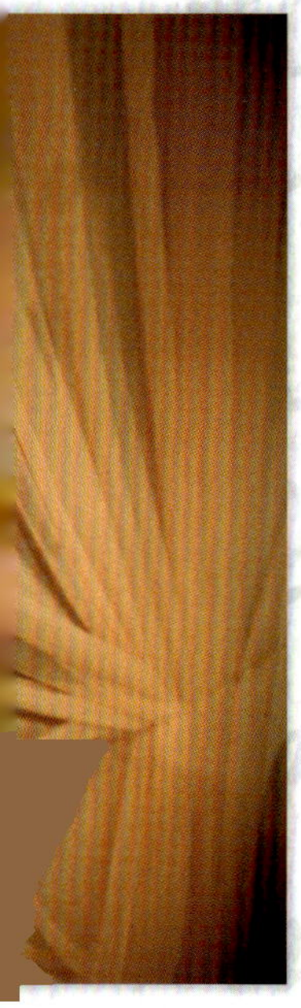

ŠPEDICIJA

BURGER KING

FEIERN WIE DIE KÖNIGE! IN ANLEHNUNG AN UNSER LETZTES REISEBUCH „TRAVEL NOTES" BESUCHEN WIR GEGEN ENDE UNSERER REISE EIN AMERIKANISCHES RESTAURANT.

DAUN, DEUTSCHLAND 26. JULI [59316 KM]

Wir haben es geschafft! Völlig erschöpft, aber stolz und überglücklich treffen wir heute in Daun ein. Unser treuer, unermüdlicher Land Rover kommt nach 444 Tagen und 59 316 Kilometern vor dem Haus meiner Eltern zum Stehen. Unsere Reise ist beendet. Wir sind wieder da.

Euphorie und Trauer. Melancholie. Leere.

Meine Eltern begrüßen uns herzlich, und meine Mutter belohnt uns mit ihren weltberühmten Bratkartoffeln. Wir essen Berge davon, unser Hunger ist anscheinend unstillbar. Chiho und ich haben in den letzten Monaten deutlich an Gewicht verloren. Stolz präsentieren meine Eltern ihre Postkartensammlung. Über 100 meiner täglich in Afrika geschriebenen Postkarten sind tatsächlich in Daun angekommen.

Irgendwann sagt meine Mutter: «Gestern hat ein gewisser Herr Otim angerufen. Er wollte dich sprechen. Kennst du den? Er meinte, er wolle nur kurz Bescheid sagen, dass er jetzt in Schweden wohnt.» Ja, Peter Otim kenne ich. Peter Otim ist ein Freund von mir. Er gibt nie auf. – Happy End.

ALLE WEGE FÜHREN NACH DAUN.
WENN MAN DAS BERÜHMTE DAUNER VIADUKT SIEHT, WEISS MAN, DASS MAN WIEDER ZU HAUSE IST.

KODAK 400NC-2

NACHWORT

«Afrika wäre so schön ohne Afrikaner.» Immer wieder haben wir von Afrikareisenden Sätze wie diesen gehört, haben Menschen getroffen, die angesichts korrupter Polizisten, aufdringlicher Kleinkrimineller und endloser Bürokratiehürden resigniert seufzten: «*This is Africa.*» Diese Aussagen haben meist nichts mit Rassismus zu tun. Aber auch nichts mit Afrika. Es sind Kommentare, die vielmehr von persönlicher Überforderung oder enttäuschten Erwartungen zeugen. Afrika kann laut, intensiv und nervenaufreibend sein. Und genau hier liegt die wahre Herausforderung jeder Überlandreise: sich dem überwältigenden, manchmal beängstigenden Afrika zu stellen, ohne Vorbehalte in die für uns fremde Lebenswelt einzutauchen und gegen die nur allzu menschliche Reaktion anzukämpfen, sich in geschützten Räumen – Fahrzeug, Internetcafé, Hotel, Nationalpark – zu verstecken.

Ich vermisse Afrika. Ich vermisse die Menschen. Ihre Lebensfreude. Frische Bananenchips, die man für 20 Cent am Wegesrand kaufen kann. Ugali mit Soße. Kinder, die einen freudestrahlend mit ohrenbetäubendem «*Toubabou! Toubabou!*» oder «*Muzungu! Muzungu!*», «Weißer! Weißer!», empfangen. Am meisten vermisse ich aber, was ich unterwegs am meisten verflucht habe: *„African time"*. Afrikaner folgen nicht stur dem Diktat eines Terminplans, sondern passen ihr Tun der unmittelbaren Notwendigkeit und den Ereignissen des Tages an. (Und kommen daher oft zu spät.) Vielleicht sind wir nicht dafür gemacht, der Zeit sklavisch hinterherzurennen, nur um die Produktivität zu steigern und immer mehr Geld zu verdienen, das wir dann für Dinge ausgeben, die wir gar nicht brauchen. Afrikaner haben etwas, was wir Europäer nicht zu besitzen glauben: Zeit. Reisen ist für mich weder Sport noch Religion. Ich reise weder, um Rekorde aufzustellen, noch glaube ich, die einzig wahre Art des Reisens zu kennen. Reisen ist: intensiv leben, frei sein, lernen. Dabei ist es völlig egal, wie man sich fortbewegt, ob mit öffentlichen Verkehrsmitteln, einem 300 000 Euro teuren Expeditionsmobil, dem Fahrrad oder einem Land Rover. Wirklich wichtig sind nur zwei Dinge: Man muss den Mut haben aufzubrechen und sich am Reisen freuen.

War meine Suche erfolgreich? Ja. Ich habe mein Trauma zumindest teilweise überwinden können. Ich habe Abstand, Ruhe, Balance gefunden und sogar ein bisschen Glück. Ich bin sehr viel Land Rover gefahren – für mich die beste Therapie, denn Autofahren macht mich glücklich. Nicht zuletzt habe ich gelernt, einen Geländewagen zu warten. Das schien mir eine unbedeutende Nebensache zu sein, bis ich einige Monate nach der Reise auf Robert M. Pirsigs Klassiker „Zen und die Kunst, ein Motorrad zu warten" stieß. In seinem Buch beschreibt Pirsig eine Überlandreise mit seinem Sohn und versucht, beim Nachdenken über Werte und den Begriff der „Qualität" westliche und östliche Philosophie miteinander zu vereinen.

Ein halbes Jahr nach unserer Hochzeit zogen Chiho und ich von New York in die Schweiz. Dort kam 2009 zunächst Anna und zwei Jahre später Lilli zur Welt. Ich arbeite weiterhin als Fotojournalist in Kriegs- und Krisengebieten. Und der Land Rover? Den haben wir immer noch. Gelegentlich bringt er uns in den Campingurlaub und wartet ansonsten geduldig auf seine nächste große Fahrt.

DANK

Es gibt sehr viele Menschen, ohne die unsere Afrikareise und dieses Buch nie zustande gekommen wären. Unser größter Dank gilt unseren Familien, die uns immer unterstützt haben: Christophs Eltern Margot und Dr. Volkhard Bangert in Daun sowie Chihos Mutter Toshie und ihrer Schwester Maki Kitajima in Mishima.

Wenn wir an dieser Stelle nur einer einzigen Person danken könnten, dann wäre es Ute Heek. Sie ist unsere Buchagentin und war bei diesem Projekt auch unsere Lektorin. Ihr fiel die manchmal undankbare Aufgabe zu, aus Christophs leicht chaotischen und legasthenischen Notizen einen lesbaren Text zu machen. Ihre Energie und Leidenschaft haben uns den langen und manchmal zähen Prozess der Gestaltung dieses Buches bis zum Ende durchstehen lassen.

Wir hätten dieses Buch nie ohne die kompetente Betreuung unserer Kinder in Angriff nehmen können. Hisako Komoda Gianola und Maya Shimoda Ramsauer haben sich mit viel Hingabe um Anna und Lilli gekümmert, während wir fast ein ganzes Jahr lang an diesem Buch gearbeitet haben. Als rettende Babysitter waren außerdem aktiv: Erika Roberta dos Santos Tosatti, Tomoe Woytschak, Kayo Schläpfer-Murakami, Miyako Tobler-Mori, Ai-Lun Wu Keller, Aino Šarić, Hitomi van der Staay und Margot Bangert. Für die zahlreichen Zoobesuche und „Schifflifahrten“ mit Anna danken wir unserer guten Freundin Elisabeth Real.

Auf dieser Reise haben uns unzählige Einheimische geholfen. Sie nahmen uns gastfreundlich auf und erklärten uns geduldig ihr Land und ihre Kultur. Ihnen danken wir von ganzem Herzen. Für ihre große Hilfe und Freundschaft unterwegs danken wir auch: Finbarr O'Reilly und Uma Ramiah in Dakar, Jane Hahn in Accra, Daniel Just in Tutu, Hans Van der List in Duala, Monika Vogler sowie Thomas und Claudia Weber in Tsumeb und Chris Handschuh in Nairobi. Auch den anderen Overlandern gilt unser Dank: Bonnie Wong und Matt Thornington, Thomas Horbasz, Mathijs Slee (der in der Zwischenzeit ein guter Freund geworden ist und mit Christoph an Wüstenrallyes teilnimmt) und Ab Jebli-Ouazzani (der im Juli 2011 leider überraschend an Herzversagen starb), Akis Temperidis und Vula Netu, Kate Doehring und Diana Wu. Für seine sensible und professionelle Betreuung nach unserem Unfall in Ägypten danken wir Peter Wirth.

Jens Lumm war für uns in technischer Hinsicht ein Helfer in allen Lebenslagen, vor allem bei unserer Website. Elke Fahrensohn übernahm die Mammutaufgabe, Christophs handschriftliche Tagebücher zu erfassen. 2002 traf Christoph in Chile Bill und Anne-Marie Miller und ihre Kinder Natalie und Patrick: Ihre begeisterten Erzählungen von einer 13-monatigen Überlandreise durch Afrika (1987) gingen ihm nicht mehr aus dem Kopf. Auch Johan Spanner, ein guter Freund, Kollege und selbst Afrika-Overlander, versorgte uns mit wertvollen Informationen und Tipps. Während unserer langen Abwesenheit von New York vermieteten wir unsere Wohnung an „obdachlose“ Studenten des International Center of Photography: Mischa Christen, Andreas Karyofilis, Jake Fromm und Alessandro Vecchi haben nicht nur unser Zuhause gehütet, sondern sich gemeinsam mit unseren Freunden Tetsu Ohno und Satoru Saito sowie Christophs Schwester Annette Hendricks um die Post gekümmert, Rechnungen bezahlt und unseren eigenartigen Vermieter toleriert. Bei der *New York Times* danken wir für ihre Unterstützung: Jessie DeWitt, Beth Flynn, David Furst und Michele McNally. Für die jahrelange vertrauensvolle Zusammenarbeit danken wir Peter Bitzer und allen Mitarbeitern der Agentur *laif.* Ruth Eichhorn von *GEO* danken wir für ihr Interesse und ihren Beistand bei

diesem Projekt. Jan Scherberich für seine praktische Hilfe. Unsere Kollegen Michael Martin, Karl Johaentges und Jackie Blackwood standen uns immer mit Rat und Tat zur Seite und machten uns mit Ute Heek bekannt, was diesem Projekt eine entscheidende Wendung gab.

Bei unserem Verlag National Geographic Deutschland bedanken wir uns für die professionelle Zusammenarbeit. Dem Verleger Dr. Martin Bethke und der Cheflektorin Alexandra Schlüter gilt unser Dank für das Vertrauen, das sie in uns und unser Projekt gesetzt haben. Die Entstehung dieses Buches wurde von Dr. Sascha Kirchner über viele Monate hinweg unermüdlich und mit höchsten Qualitätsansprüchen betreut. Heiko Belitz und Thomas Oehmke von der Gruner + Jahr Druckzentrale sowie Barbara Loesch von der Peter Becker GmbH danken wir für die erstklassige produktionstechnische Betreuung.

Es gab Momente auf unserer Reise, in denen wir mit unserem Land Rover gesprochen haben. Wir haben ihm oft Mut zugeredet, ihn gelobt und gelegentlich wild verflucht. Dem aufmerksamen Leser wird nicht entgangen sein, dass er namenlos geblieben ist – unter *Overlandern* eher unüblich. Obwohl wir wissen, dass er nur ein seelenloser Haufen Metall, Glas und Gummi ist, haben wir ihn heiß und innig lieben gelernt. Wir wollen hier aber nicht sentimental werden und einem Automobil danken, lieber möchten wir uns bei unserem Freund Martin Kiefer bedanken, der das Auto für die lange Reise technisch vorbereitet hat. Martin, der Land Rover hat gehalten. Danke.

Christoph & Chiho Bangert

IMPRESSUM

Fotos: Christoph Bangert, Chiho Bangert
Text: Christoph Bangert

Konzept: Ute Heek, Christoph Bangert, Chiho Bangert
Gesamtgestaltung: Chiho Bangert
Lektorat: Ute Heek, Dr. Sascha Kirchner
Korrektorat: Karin Leonhart
Herstellung: G+J Druckzentrale, Heiko Belitz (Ltg.), Thomas Oehmke
Litho: Peter Becker GmbH, Würzburg
Druck: Firmengruppe APPL, aprinta Druck, Wemding

Printed in Germany
ISBN 978-3-86690-340-1

Kartenvorlagen: Africa North & West, Michelin-Karte Nr. 741; Africa Northeast & Arabia, Michelin-Karte Nr. 745; Africa Central South & South Madagascar, Michelin-Karte Nr. 746 – © Michelin Travel Partner Deutschland GmbH

Umschlagvorderseite: Elefant im Ngorongorokrater, Tansania; Flussdurchquerung bei Jinka, Äthiopien; Dünen in der Namib, Namibia

Christoph Bangert, geb. 1978, studierte Fotografie an der Fachhochschule Dortmund und am International Center of Photography in New York. Als freier Fotograf berichtete er unter anderem aus dem Irak, Afghanistan, Pakistan, Darfur, Libanon und dem Gazastreifen für den *Stern, Time, F.A.Z., Neue Zürcher Zeitung* und die *New York Times.* Weitere Bücher: „Travel Notes“ (2007) und „Irak: Schweigendes Land“ (2008).

Chiho Bangert, geb. 1975, studierte Grafikdesign an der Tokyo University of Art and Design und Fotografie am International Center of Photography in New York. Sie hat in der Werbebranche gearbeitet und gestaltet heute Websites und Bücher.

Weitere Informationen zu dieser Reise und den Autoren unter:
www.africa.christophbangert.com

Sichtvermerke/Visas/Visas
Embassy of The A.R.of Egypt
Addis Ababa
Consular section
Entry Visa No
Name
Entry(S)
Date of Issue
Date of Expiry
Purpose
Period of stay
Fees Collected
The Ambassador
AMBASSADE DU MALI AU SENEGAL
SECTION CONSULAIRE
VISA D'ENTREE N°
Valable pour
Entrées au MALI
Durée de Séjour
Motif du Séjour
Destination
Date d'Expiration du visa
Dakar, le
Le Chef de Section
TIMBRE FISCAL
REPUBLIQUE DU MALI
BURKINA FASO VISA N°
Nombre d'Entrées
Durée Maximum SEJOUR
Date Limite de la Demeure
Sortie du TERRITOIRE
DELIVRE LE
A
BURKINA FASO
ANTENNE PROVINCIALE
BITAM
REPUBLIQUE GABONAISE
Ambassade au Cameroun
visa d'entrée n°
valable du
au
accordé à
Le
motif
Passeport n°
nombre d'entrées
LE CHARGE D'AFFAIRES A.I
Thérèse OBI MAKALEBO
تسجيل الأجانب المركزي - الخرطوم
CENTRAL REGISTRATION - KHARTOUM
№ 427553
PASSPORT NO.
DATE OF REGISTRATION
SIGNATURE
جمهورية السودان
THE REPUBLIC OF THE SUDAN
VISA
№ 0239174
ADDIS ABABA
Place Of Issue
Name
Visa No.
Date
Validity
Period of Stay
Purpose of Visit
TRANSIT
Rect.No.
Signature
REGISTRATION WITH IN 3 DAYS
12 JUN 2008
25 JUN 2008
REPUBLIQUE DU CAMEROUN
AMBASSADE A DAKAR
VISA N°
Nom
Prénoms
Classification
Durée
Nombre d'entrées
Date de délivrance
NB : La validité de ce visa devient caduque s'il n'est pas utilisé dans les trois mois suivant la date de sa délivrance.
L'AMBASSADEUR
TIMBRE FISCAL
FISCAL STAMP
AH0220567
REPUBLIC OF CAMEROON
E.MBONJO - EJANGUE
11 JUL 2008
H.K OF JORDAN
15 JD
VISA
V50687675
12 JUN 2008
29 MAY 2008
ARRIVAL
Federal Democratic